Sammlung Außerdeutscher Strafgesetzbücher
in deutscher Übersetzung

Herausgegeben von
Professor Dr. Hans-Heinrich Jescheck,
Direktor des Instituts für ausländisches und internationales Strafrecht
an der Universität Freiburg i. Br.
und Professor Dr. Gerhard Kielwein, Saarbrücken

LVII.

Das Tschechoslowakische Strafgesetzbuch

(Trestní zákon)

2. Auflage

Berlin 1958

Walter de Gruyter & Co.

vormals G. J. Göschen'sche Verlagshandlung · J. Guttentag, Verlagsbuchhandlung · Georg Reimer · Karl J. Trübner · Veit & Comp.

Das
Tschechoslowakische Strafgesetzbuch

vom 12. Juli 1950
(in der Fassung vom 22. Dezember 1956)

Übersetzt und mit einer Einleitung versehen

von

Dr. Erich Schmied

Oberverwaltungsgerichtsrat in Stuttgart

2. Auflage

Berlin 1958

Walter de Gruyter & Co.

vormals G. J. Göschen'sche Verlagshandlung · J. Guttentag, Verlagsbuchhandlung · Georg Reimer · Karl J. Trübner · Veit & Comp.

Gedruckt mit Unterstützung der Gesellschaft für Rechtsvergleichung

Archiv-Nr. 246358/57
Satz und Druck: Thormann & Goetsch · Berlin-Neukölln

Inhalt

Einleitung

1. Die erste Republik

Die Tschechoslowakische Republik wurde am 28. 10. 1918 gegründet. Mit Gesetz Nr. 11 vom 28. 10. 1918 beschloß der tschechoslowakische Nationalausschuß, daß alle auf dem Staatsgebiet bisher gültigen Reichs- und Landesgesetze und Verordnungen vorläufig weiter in Kraft bleiben. Damit übernahm der neue Staat auf dem Boden der historischen Länder Böhmen, Mähren und Schlesien und in den angegliederten niederösterreichischen Gebieten von Weitra und Feldsberg das österreichische, auf dem Boden der Slowakei und Karpathorußlands das ungarische Strafrecht. In dem angegliederten Hultschiner Ländchen, das bis dahin zum Deutschen Reich gehört hatte, galt noch bis 1. 5. 1920 das reichsdeutsche Strafrecht, dann wurde das in den historischen Ländern geltende Strafrecht eingeführt.

Das österreichische Strafrecht beruhte im wesentlichen auf dem „Strafgesetz über Verbrechen, Vergehen und Übertretungen“ (Ksl. Patent vom 27. 5. 1852, RGBl. Nr. 117). Das ungarische Strafrecht beruhte auf dem Strafgesetz über Verbrechen und Vergehen, Ges.-Art. V aus dem Jahre 1878 und dem Gesetz über Übertretungen, Ges.-Art. XL aus dem Jahre 1879. Für das Militärstrafrecht galt im ganzen Staatsgebiet das österreichische Militärstrafgesetz vom 15. 1. 1855, RGBl. Nr. 19, abgeändert durch Gesetz Nr. 556/19. Dazu kamen auf jedem Rechtsgebiet zahlreiche Nebengesetze.

a) Strafgesetzentwürfe

Bald nach Gründung des Staates setzten Bestrebungen ein, das zersplitterte Strafrecht durch ein neues einheitliches tschechoslowakisches Strafrecht zu ersetzen, das den veränderten staatsrechtlichen Verhältnissen und den Anforderungen moderner Strafrechtswissenschaft Rechnung trüge.

Der Entwurf 1921. Im Mai 1921 war der „Vorentwurf des allgemeinen Teils eines tschechoslowakischen Strafgesetzes“ fertiggestellt. Er erschien auch in amtlicher deutscher Übersetzung. Die Beratungen über den besonderen Teil dauerten bis zum Jahre 1924; sie zeigten die Notwendigkeit, den allgemeinen Teil noch einmal umzuarbeiten.

Der Entwurf 1926 bestand aus dem Entwurf eines Gesetzes über Verbrechen und Vergehen und eines Gesetzes über Übertretungen. Er erschien auch in amtlicher deutscher und französischer Übersetzung. Er enthielt zahlreiche tiefgreifende Neuerungen. Von besonderem Interesse ist die Dreiteilung der Schuldformen. Unter dem Einfluß der Lehren Löfflers und Miřičkas wurde die Schuld gegliedert in Absicht, Wissentlichkeit und Fahrlässigkeit. Die bewußte Fahrlässigkeit wurde als „grobe Fahrlässigkeit“ bezeichnet. Die Zuweisung der Fälle des dolus eventualis zur Fahrlässigkeit hatte zur Folge, daß sich die Zahl der Fahrlässigkeitsdelikte erheblich vermehrte. Der Entwurf 1926 wurde nicht Gesetz, da er mit seinen zahlreichen Neuerungen angeblich eine zu starke Belastung der staatlichen Finanzen mit sich gebracht hätte. Die Justizverwaltung arbeitete einen neuen Entwurf aus.

Der Entwurf 1937, der nicht veröffentlicht wurde, bezweckte weniger grundlegende Neuerungen als vielmehr eine Vereinheitlichung des zersplitterten Strafrechts. Zahlreiche Bestimmungen der geltenden Strafgesetze wurden unverändert in den Entwurf eingearbeitet, so z. B. Bestimmungen des Republikschutzgesetzes, des Gesetzes zum Schutze der Ehre, des Sprengstoffgesetzes. An der überkommenen Trichotomie (Verbrechen, Vergehen, Übertretungen) wurde festgehalten. Auch die Übertretungen sind gerichtlich strafbar. Sie finden sich im Entwurf nicht in einem besonderen Teil abgesondert, sondern dort, wo sie ihrer Materie nach hingehören. Die Dreiteilung der Schuldformen, die inzwischen in mehreren Nebengesetzen praktisch erprobt worden war, wurde wieder fallen gelassen; es blieb bei den beiden Schuldformen des Vorsatzes und der Fahrlässigkeit. „Grobe Fahrlässigkeit" wird angenommen, „wenn der Schuldige nicht einmal ein solches Maß von Vorsicht, das er im Hinblick auf seinen Beruf oder seine Stellung leicht aufwenden kann, beachtet"; sie kann sonach auf dem Gebiet sowohl der bewußten als auch der unbewußten Fahrlässigkeit liegen. Der Besondere Teil spiegelt die steigenden politischen Spannungen wider. Unter den zahlreichen Bestimmungen zum Schutze des Staates findet sich auch der Tatbestand des „öffentlichen Hetzens". Die Abtreibung wird praktisch nahezu freigegeben. Unzucht mit Personen desselben Geschlechts bleibt strafbar. Die Begründung des Entwurfs nimmt zur Frage der Sterilisation und Kastration ausdrücklich in positivem Sinne Stellung, behält die Regelung aber einem besonderen Gesetze vor, „weil unsere öffentliche Meinung noch nicht auf diese Art von Verbrechensbekämpfung vorbereitet ist". Mehrere Bestimmungen dienen einer wirksameren Bekämpfung der rückfälligen und Berufsverbrecher. Das Militärstrafrecht ist in dem Entwurf nicht enthalten, sondern sollte einem besonderen Militärstrafgesetz vorbehalten bleiben, das im Jahre 1938 im Entwurf fertiggestellt war. Der Strafgesetzentwurf 1937 sollte zum 20jährigen Jubiläum der Republik, am 28. 10. 1938, der Nationalversammlung vorgelegt werden. Infolge der politischen Ereignisse kam es hierzu jedoch nicht mehr.

b) Gesetze 1918—1938

Während der Dauer der ersten Republik ergingen zahlreiche Strafgesetze, die in der „Sammlung der Gesetze und Verordnungen" in amtlicher deutscher Übersetzung erschienen sind. Unter diesen sind hervorzuheben:

269/19 Gesetz über die Fälschung von Geld und Wertpapieren.

562/19 Gesetz über die bedingte Verurteilung und die bedingte Entlassung i. d. F. des Ges. 134/24.

568/19 Gesetz über die Bestrafung des Kriegswuchers i. d. F. des Ges. 80/24.

193/20 Wehrgesetz i. d. F. der Kundmachung des Ministers für nationale Verteidigung 303/34.

284/20 Gesetz, mit welchem Vorschriften über den Vollzug der Strafen auf Grund des österreichischen Strafgesetzes in den Gebieten des ungarischen Rechts und umgekehrt erlassen wurden.

309/21 Gesetz gegen die Nötigung und zum Schutze der Versammlungsfreiheit. Bedeutsam für die Frage der Strafbarkeit von Streik, Aussperrung und Boykott. Bestimmungen, inwieweit die Vereitelung oder Störung einer Versammlung strafbar ist. Einführung des Tatbestandes der Nötigung, der dem österreichischen Recht fremd war.

71/22 Gesetz betr. die Auswanderung. Strafbar ist die Verleitung zur Auswanderung, Gefährdung Jugendlicher durch Anwerbung ins Ausland, Frauenhandel.

241/22 Gesetz über die Bekämpfung der Geschlechtskrankheiten. Verbot der Errichtung und Haltung von Bordellen. Strafbarkeit der Aufforderung zur Unzucht und des Ärgernis erregenden Betreibens der Unzucht.

7/23 Gesetz zum Schutz der Währung und des Umlaufs der gesetzlichen Zahlungsmittel.

9/23 Radiogesetz.

50/23 Gesetz zum Schutz der Republik i. d. F. der Ges. 124/33, 140/34, 130/36. Hochverrat und Landesverrat als „Anschläge gegen die Republik". Zahlreiche Tatbestände zum Schutz der Republik. Harte Strafen. Der politische Verbrecher wird vielfach schlechter gestellt als der gemeine Verbrecher. Das Gesetz nimmt Tatbestände vorweg, deren Einarbeitung in das neue StGB schon damals vorgesehen war.

124/24 Gesetz betr. die Änderung der Zuständigkeit der Strafgerichte und der Verantwortlichkeit für den Inhalt von Druckschriften in Angelegenheiten der falschen Anschuldigung, der Verleumdung und von Ehrenbeleidigungen i. d. F. der Kundmachung des Justizministers 145/33. Pressegesetznovelle zum Pressegesetz 6/1863.

178/24 Gesetz über das Bestechungswesen und gegen die Verletzung des Amtsgeheimnisses. Ergänzung der Tatbestände des StGB über die aktive und passive Bestechung.

218/26 Gesetz betr. das Urheberrecht an Werken der Literatur, Kunst und Photographie (Autorrecht).

111/27 Gesetz gegen unlauteren Wettbewerb. Strafbestimmungen gegen den Verrat von Geschäfts- und Produktionsgeheimnissen. Der Schutz der Wirtschaft wird aber dem Interessenstreit der Privatunternehmer überlassen: Privatklage.

117/27 Gesetz betr. die umherziehenden Zigeuner. DVO 68/28.

111/28 Gesetz über die Tilgung der Verurteilung.

102/29 Gesetz betr. die Errichtung von Zwangsarbeitskolonien. Die bisher bestehenden Arbeitsanstalten (öst. Ges. 89/1885, ung. Ges. XXI/1913) waren geschlossene Anstalten. Die Gewohnheitsverbrecher sollen in den Zwangsarbeitskolonien durch zweckmäßige und ausdauernde Arbeit zu einem arbeitsamen und geordneten Leben erzogen werden.

4/31 Unterhaltsgesetz. Zivil- und strafrechtliche Sanktionen zugunsten unterhalts-, erziehungs- und versorgungsberechtigter Personen.

48/31 Gesetz über die Jugendstrafgerichtsbarkeit. — DVO 195/31.

123/31 Gesetz über das Staatsgefängnis. Die politische Straftat soll eine begünstigte Sonderstellung einnehmen. Einführung der Freiheitsstrafe des Staatsgefängnisses für gewisse politische Straftaten. Der Ausdruck „politische" Straftat wird jedoch vermieden. Das Gesetz erlangte nur wenig praktische Bedeutung.

108/33 Gesetz über den Schutz der Ehre. Umfassender Ehrenschutz.

126/33 Gesetz betr. die Abänderung und Ergänzung der Preßgesetze, abgeändert und ergänzt durch Ges. 140/34. Politisches Gesetz zum Schutz des Staates gegen kommunistische und faschistische Propaganda und zum Schutze der Jugend gegen Schund- und Schmutzliteratur. — DVO 229/34.

36/34 Gesetz betr. die strafrechtliche Verfolgung des Präsidenten der Republik und der Mitglieder der Regierung.

91/34 Gesetz über die Todesstrafe und lebenslängliche Strafen. Für sparsamere Anwendung der Todesstrafe.

115/34 Gesetz über Umtriebe bei der Vergebung öffentlicher Lieferungen und Arbeiten.

71/35 Gesetz über Wirtschaftsspionage. Schutz der heimischen Industrie gegen Verrat ihrer Wirtschaftsgeheimnisse, gegen Verschleppung ins Ausland, gegen die Ausschaltung heimischer Erzeugnisse auf dem Weltmarkt. „Wirtschaftsgeheimnis" ist ein Geschäfts- oder Produktionsgeheimnis, dessen Geheimhaltung nicht nur im Interesse eines bestimmten Unternehmens, also im Privatinteresse, sondern in einem wichtigen öffentlichen Interesse liegt. §§ 2, 3 wenden sich auch gegen den Verrat eines Wirtschaftsgeheimnisses durch dessen Eigentümer. Die Tatbestände haben gewisse Ähnlichkeit mit militärischem Verrat nach dem Republikschutzgesetz. Ausländer sind wegen Wirtschaftsspionage auch dann strafbar, wenn die Tat im Ausland begangen wurde. Große praktische Bedeutung des Gesetzes.

82/35 Gesetz über den Schutz und die Verteidigung gegen Fliegerangriffe (Luftschutzgesetz).

32/36 Internat. Übereinkommen vom 11. 10. 1933 über die Unterdrückung des Handels mit erwachsenen Frauen.

130/36 Gesetz betr. die Abänderung und Ergänzung des Gesetzes zum Schutz der Republik (Militärverratsnovelle).

131/36 Gesetz zur Verteidigung des Staates. Das 200 Paragraphen umfassende Gesetz betrifft wie kein anderes csl. Gesetz alle Gebiete des öffentlichen und Privatrechts. Sein Schwerpunkt liegt weniger auf dem Gebiet des Strafrechts als auf dem Gebiet des Wirtschaftsrechts.

184/37 Gesetz über die Wehrerziehung. Strafbar ist schon, wer die Wehrerziehung herabwürdigt oder lächerlich macht (§ 56).

29/38 Opiumgesetz ,in Durchführung der Intern. Opium-Übereinkommen.

81/38 Gesetz über Waffen und Munition. Aufhebung des Waffenpatents 223/1852.

2. Sudetenland, Protektorat, Slowakei

In der Zeit vom 1. bis 10. 10. 1938 wurde das Sudetenland und am 15. März 1939 der tschechischsprachige Teil der CSR von deutschen Truppen besetzt. Die sudetendeutschen Gebiete wurden auf Grund des Erlasses des Führers und Reichskanzlers vom 1. 10. 1938 in reichsdeutsche Verwaltung übernommen. Aus den tschechischen Gebieten wurde durch Erlaß des Führers und Reichskanzlers vom 16. 3. 1939 das autonome „Protektorat Böhmen und Mähren“ gebildet, das zum Gebiet des Großdeutschen Reiches gehörte. Die sudetendeutschen und die volksdeutschen Bewohner des Protektorats wurden deutsche Staatsangehörige und Reichsbürger. Sie unterstanden uneingeschränkt deutscher Gerichtsbarkeit. Nach der deutschen VO vom 16. 1. 1939 (dt. RGBl. I 38) galten ab 1. 3. 1939 in den sudetendeutschen Gebieten das deutsche StGB und die deutschen Strafgesetze; das bisherige csl. Strafrecht blieb nur soweit in Kraft, als das deutsche Recht keine gleichen oder entsprechenden Vorschriften enthielt. Im Protektorat galten nebeneinander deutsches Recht und tschechisches Protektoratsrecht; es gab nebeneinander deutsche und tschechische Gerichte. Nach der VO über die Ausübung der Strafgerichtsbarkeit im Protektorat Böhmen und Mähren vom 14. 4. 1939 (dt. RGBl. I 754) i. d. F. vom 18. 9. 1939 (dt. RGBl. I 1945), abgeändert durch VO vom 5. 5. 1941, dt. RGBl. I 248, galten hier für alle deutschen Staatsangehörigen grundsätzlich das deutsche StGB und gewisse deutsche Strafgesetze. Das frühere csl. Strafrecht und das neue tschechische Protektoratsrecht galt für deutsche Staatsangehörige nur insoweit, als das deutsche Recht keine gleichen oder entsprechenden Vorschriften enthielt. So galt z. B. die VO der tschechischen Protektoratsregierung vom 4. 7. 1939 über den Schutz des Umlaufs der gesetzlichen Zahlungsmittel, Nr. 157, auch für deutsche Staatsangehörige und war auch von deutschen Gerichten im Protektorat anzuwenden. Straftaten von tschechischen Protektoratsangehörigen und anderen nichtdeutschen Personen wurden im Protektorat von den tschechischen Protektoratsgerichten nach csl. Strafrecht bzw. nach dem neuen (tschechischen) Protektoratsstrafrecht geahndet. Nur bestimmte Straftaten, die sich gegen das Deutsche Reich, das nat.-soz. Regime oder gewisse deutsche, vorwiegend politische und militärische Interessen richteten, wurden auch bei nichtdeutschen Staatsangehörigen des Protektorats von deutschen Gerichten nach deutschem Strafrecht geahndet. Dem Schutz vorwiegend politischer Interessen diente auch die Befugnis der deutschen Gerichte im Protektorat, die bei tschechischen Gerichten anhängigen Strafsachen an sich zu ziehen und zu entscheiden.

Am 2. 10. 1938 besetzten polnische Truppen das csl. Industriegebiet von Teschen; nach der Angliederung des Gebiets an Polen wurde dort das polnische Strafrecht eingeführt.

Am 5. 11. 1938 besetzten ungarische Truppen auf Grund des Wiener Schiedsvertrags vom 2. 11. 1938 die vorwiegend von magyarischen Volkszugehörigen bewohnten Teile der Slowakei und Karpathorußlands. Die restlichen Teile dieser Länder wurden selbständige Staaten; sie bildeten mit der Resttschechei nur mehr einen losen Bundesstaat. Am 14. 3. 1939 lösten sie sich aus dem Staatsverband und erklärten sich selbständig. Der Slowakische Staat übernahm das bisher in der Slowakei geltende ungarische und csl. Strafrecht. Für die Deutschen in der Slowakei galt eine ähnliche Sonderregelung wie im Protektorat. Bis 1945 wurden mehrere Nebenstrafgesetze erlassen, vgl. § 311, Ziff. 38—41 StGB; ein eigenes slowakisches StGB, das geplant war, kam jedoch nicht zustande. Karpathorußland wurde Ende März 1939 von ungarischen Truppen besetzt. Auf Grund des Wiener Schiedsspruchs vom 29. 8. 1939 wurde es an Ungarn angegliedert; es übernahm ungarisches Strafrecht.

3. Die zweite Republik

Während des Krieges bildete sich im Ausland eine csl. Exilregierung, an deren Spitze Benesch stand, der ehemalige Präsident der CSR, der am 5. 10. 1938 auf sein Amt verzichtet hatte und dann emigriert war. Am 21. 7. 1940 erließ er das Londoner Verfassungsdekret Nr. 1 über die Errichtung eines Staatsrats als beratender Körperschaft der vorläufigen Regierung der CSR. Das Verfassungsdekret Nr. 2 vom 15. 10. 1940 über die vorläufige Ausübung der gesetzgebenden Gewalt wurde als Rechtsgrundlage für die weiteren Dekrete des Präsidenten der Republik angesehen. Diese erschienen in einem besonderen „Csl. Amtsblatt" in tschechischer Sprache in London. Durch das Verfassungsdekret Nr. 11 des Präsidenten der Republik vom 3. 8. 1944 über die Erneuerung der Rechtsordnung wurden alle strafrechtlichen Vorschriften, die unmittelbar vor Auflösung der CSR bestanden hatten, wieder in Kraft gesetzt und alle seither „während der Zeit der Unfreiheit" (30. 9. 1938 bis 4. 5. 1945) erschienenen Rechtsvorschriften für ungültig erklärt.

Als mit dem Rückzug der deutschen Truppen die Rote Armee in Karpathorußland erschien, sprachen sich am 26. 11. 1944 die Repräsentanten des neugebildeten Nationalausschusses in Munkacs für einen Anschluß an die Ukraine aus. Am 29. 6. 1945 wurde zwischen der UdSSR und der CSR ein „Vertrag über die Transkarpathen-Ukraine" geschlossen (Sb. Nr. 186/46), wonach die CSR auf den Teil Karpathorußlands verzichtete, der am 29. 1. 1945 von sowjetrussischen Truppen besetzt war. Damit wurde der größte Teil Karpathorußlands an die UdSSR abgetreten, die dieses Gebiet als „Transkarpathen-Ukraine" in die Ukrainische Sozialistische Sowjetrepublik eingliederte. Es wurde dort das in der Ukraine geltende Strafrecht eingeführt.

Nach dem Siege der Alliierten über Deutschland wurde die CSR in ihren alten Grenzen wiedergeschaffen. Nur die Transkarpathen-Ukraine verblieb der UdSSR. Anders als im Jahre 1918 wurde im Jahre 1945 nicht die bisherige Rechtsordnung übernommen. Durch Kundmachung des csl. Innenministers vom 27. 7. 1945, Sb. Nr. 30, wurde vielmehr das Verf.-Dekret des Präs. d. Rep. vom 3. 8. 1944 veröffentlicht, über dessen Inhalt schon oben berichtet wurde. Das Dekret wurde später bestätigt, ergänzt und abgeändert durch Gesetz vom 19. 12. 1945, Sb. Nr. 12/46. Danach werden alle csl. Rechtsvorschriften, die bis einschließlich 29. 9. 1938 erlassen wurden, als geltende Rechtsordnung erklärt. Die deutschen und ungarischen Rechtsvorschriften, durch welche diese Vorschriften aufgehoben, abgeändert und ergänzt wurden, sind damit ungültig. Die strafrechtlichen Vorschriften, die „während der Zeit der Unfreiheit" auf dem Gebiet der CSR erlassen worden sind, wurden für ungültig erklärt, mit Ausnahme einiger slowakischer Strafbestimmungen, vgl. § 311, Ziff. 38 bis 41 StGB.

Einleitung

a) Dekrete und Gesetze 1945—1948

Die ersten Rechtsvorschriften der neuen CSR erschienen als „Dekrete des Präsidenten der Republik". Die dem csl. Recht bisher fremde Bezeichnung „Dekrete" sollte wohl an die Dekrete der französischen Revolution und vor allem an die berühmten Dekrete der revolutionären Periode in Rußland anklingen. Es handelt sich um diktatorische Maßnahmen, eine Art Verordnungen mit vorläufiger Gesetzeskraft; bei Verfassungsdekreten um Verordnungen mit der Wirksamkeit von Verfassungsgesetzen. Wie in der Sowjetunion bedurften auch hier die Dekrete einer nachträglichen Bestätigung als Gesetze (Ratihabition) durch die gesetzgebenden Körperschaften, sobald diese gebildet sind. Diese Bestätigung erfolgte durch das Verfassungsgesetz vom 28. 3. 1946, Sb. Nr. 57: „Alle Dekrete des Präsidenten der Republik sind von ihrem Anfang an als Gesetze anzusehen; die Verfassungsdekrete sind als Verfassungsgesetze anzusehen."

Die ersten Dekrete der neuen CSR galten der Abrechnung mit den politischen Gegnern. Als Dekrete von strafrechtlicher Bedeutung sind vor allem zu erwähnen:

1. Das Dekret des Präs. d. Rep. v. 19. 5. 1945, Sb. Nr. 5, über die Ungültigkeit einiger vermögensrechtlicher Handlungen aus der Zeit der Unfreiheit und über die nationale Verwaltung der Vermögenswerte von Deutschen, Magyaren, Verrätern und Kollaborateuren sowie von einigen Organisationen und Anstalten.

   Nach § 2 dieses Dekrets wird das gesamte Vermögen der „staatlich unzuverlässigen Personen" in nationale Verwaltung übernommen. Staatlich unzuverlässig sind „Personen deutscher oder magyarischer Nationalität" (§ 4). „Nationalität" bedeutet Volkszugehörigkeit. Die nationale Verwaltung wird ausgeübt durch die Nationalausschüsse und die von ihnen eingesetzten „nationalen Verwalter". Wer Bestimmungen dieses Dekrets verletzt oder umgeht, oder die Tätigkeit eines nationalen Verwalters stört oder unmöglich macht, wird mit Freiheitsstrafe bis zu fünf Jahren und Geldstrafe bis zehn Millionen Kronen bestraft.

2. Das Dekret des Präs. d. Rep. v. 19. 6. 1945, Sb. Nr. 16, über die Bestrafung der nazistischen Verbrecher, der Verräter und ihrer Helfer und über die außerordentlichen Volksgerichte (R e t r i b u t i o n s - d e k r e t).

   Das Dekret wurde genehmigt, abgeändert und ergänzt durch die Gesetze Sb. Nr. 22/46, 149/46 und 245/46, in neuem Wortlaut veröffentlicht durch Kundm. d. Justizministers Sb. Nr. 9/47, und abermals abgeändert durch Ges. 33/48.

   Das Dekret bezweckte, „das nazistische und faschistische Übel von der Wurzel aus auszurotten". In der Präambel des Dekrets ist von der „gesteigerten viechischen Art der Deutschen" die Rede. Nach § 1 wird mit dem Tode bestraft, wer „zur Zeit erhöhter Gefährdung der Republik" auf dem Gebiete der Republik oder außerhalb bestimmte Straftaten nach dem Republikschutzgesetz begangen hat. Die Tatsache, daß das Republikschutzgesetz „in der Zeit erhöhter Gefährdung der Republik", d. h. 1938—1945, außer Kraft gesetzt war, wird nicht anerkannt. Auf diese Zeit stellen alle Tatbestände des Dekrets ab; ihr

Beginn wurde auf den 21. 5. 1938 festgesetzt. Wer in dieser Zeit Mitglied der SS oder gewisser anderer politischer Organisationen war, wird mit schwerem Kerker von 5 bis 20 Jahren, unter besonders erschwerenden Umständen mit schwerem Kerker von 20 Jahren bis lebenslang bestraft (§ 2). Die gleiche Strafe oder die Todesstrafe trifft denjenigen, der in dieser Zeit eine faschistische oder nazistische Bewegung propagierte oder unterstützte (§ 3 Abs. 1). Mit schwerem Kerker von 5 bis 20 Jahren wird bestraft, wer Amtswalter oder Befehlsträger in der NSDAP oder in der Sudetendeutschen Partei oder in gewissen slowakischen oder anderen Organisationen war (§ 3 Abs. 2) oder als csl. Staatsbürger im Ausland gegen die csl. Freiheitsbewegung arbeitete (§ 4). Drakonische Strafen treffen denjenigen, der im Dienste oder Interesse Deutschlands oder eines mit Deutschland Verbündeten oder einer der Republik feindlichen Bewegung gewisse Straftaten begangen hat (§ 5). Wer zum Vorteil der Kriegsmacht Deutschlands oder dessen Verbündeten eine Zwangs- oder Pflichtarbeit angeordnet hat oder bei der Herausgabe oder Vollziehung einer solchen Anordnung mitgewirkt hat, wird mit schwerem Kerker von 5 bis 10 Jahren, und wenn die Arbeit im Ausland oder an gefährlichen Orten zu leisten war, mit schwerem Kerker von 10 bis 20 Jahren bestraft (§ 6). Wer durch ein Gerichtsurteil, eine Verwaltungsanordnung oder durch eine Entscheidung irgendwelcher Art, oder durch deren Vollziehung den Tod, eine schwere Körperbeschädigung, die Deportation oder gewisse andere schwere Folgen für einen Bewohner der Republik herbeigeführt hat, wird mit dem Tode bestraft; hat er auch nur einen Vermögensnachteil herbeigeführt, so kann er doch schon mit schwerem Kerker von 10 bis 20 Jahren und unter besonders erschwerenden Umständen mit lebenslangem schwerem Kerker bestraft werden. Wer eine durch die nationale, politische oder rassische Verfolgung verursachte Notlage dazu ausnutzte, um sich auf Kosten des Staates, einer juristischen oder physischen Person zu bereichern, wird mit schwerem Kerker von 5 bis 10 Jahren bestraft. „Wer unter Ausnutzung der durch die feindliche Besatzung herbeigeführten Lage einen anderen wegen einer wirklichen oder angeblichen Tätigkeit angezeigt hat", wird mit schwerem Kerker von 5 bis 10 Jahren bestraft. Wenn durch eine solche Denunziation die Freiheit eines csl. Staatsbürgers verlorenging, ist die Strafe schwerer Kerker von 10 bis 20 Jahren. Wegen der im Retributionsdekret angeführten Straftaten sind auch Ausländer strafbar, wenn sie die strafbaren Handlungen gegen einen csl. Staatsbürger oder gegen csl. Eigentum begangen haben. § 13 bestimmt:

„1. Eine nach diesem Dekret strafbare Handlung wird nicht dadurch gerechtfertigt, daß sie durch Vorschriften eines anderen als des csl. Rechts oder durch Organe, die durch eine andere als die csl. Staatsgewalt eingesetzt wurden, angeordnet oder erlaubt wurde. Es liegt auch kein Entschuldigungsgrund darin, daß der Täter solche ungültigen Vorschriften für rechtmäßig hielt.

2. Auch die Tatsache, daß der Täter seine Dienstpflicht getan hat, rechtfertigt ihn nicht, wenn er mit besonderem Eifer gehandelt und so in erheblichem Maße den normalen Rahmen seiner

Pflichten überschritten hat, oder wenn er mit dem Vorsatz, der Kriegsmacht der Deutschen (oder deren Verbündeten) zu helfen oder der Kriegsmacht der CSR zu schaden, oder aus einem anderen offenbar verwerflichen Beweggrunde gehandelt hat.

3. Unwiderstehlicher Zwang infolge Befehls eines Vorgesetzten entschuldigt niemanden, der freiwillig einer Organisation beigetreten ist, deren Mitgliedschaft zur Ausführung jedes, auch eines verbrecherischen Befehls verpflichtete."

Die Verfolgung der Verbrechen nach dem Retr.-Dekret und ihre Strafvollstreckung unterliegen keiner Verjährung. Das Dekret war allerdings ein Zeitgesetz, dessen Gültigkeit befristet war. Die Aburteilung der Verbrechen nach dem Retr.-Dekret erfolgte durch die außerordentlichen Volksgerichte. Auf Grund des Retr.-Dekrets wurden durch Dekret 126/45 besondere Zwangsarbeitsabteilungen errichtet.

In der Slowakei galt die dem Retr.-Dekret entsprechende VO des Slowakischen Nationalrats v. 15. 5. 1945, Nr. 33, betr. die Bestrafung der faschistischen Verbrecher, der Okkupanten, Verräter und Kollaborateure und über die Errichtung von Volksgerichten; dazu die VO des Slowakischen Nationalrats v. 23. 8. 1945, Nr. 105, über die Schaffung von Arbeitslagern und die DVO v. 14. 6. 1946, Nr. 89.

3. Das Dekret des Präs. d. Rep. v. 19. 6. 1945, Sb. Nr. 17, über den Nationalen Gerichtshof, abgeändert durch Gesetz 149/46 und 245/46, war ebenfalls ein Zeitgesetz. Der aus sieben Mitgliedern gebildete Nationale Gerichtshof war als Strafgericht für gewisse führende Tschechen (Politiker, Journalisten, Wirtschaftsleute) tätig, welche eine nach dem Retr.-Dekret strafbare Handlung begangen hatten. Es konnte alle Strafen verhängen. Ein Rechtsmittelzug war nicht gegeben. Die Todesstrafe war binnen zwei Stunden nach Verkündung zu vollstrecken; ihre Vollstreckung durfte öffentlich erfolgen. Der Gerichtshof fungierte als Ehrengericht, wenn die obengenannten Personen zwar keine Straftat nach dem Retr.-Dekret begangen hatten, jedoch nach dem 21. 5. 1938 „sich nicht gebührend als treue und standhafte csl. Bürger verhalten haben" (§ 4). Der Nationale Gerichtshof und die außerordentlichen Volksgerichte waren bis 4. 7. 1947 in Tätigkeit.

4. Dekret des Präs. d. Rep. v. 31. 7. 1945, Sb. Nr. 38, über strenge Bestrafung von Plünderungen. Die besonderen Verhältnisse in der CSR ließen dieses Dekret notwendig erscheinen, das sich gegen Plünderungen in Grundstücken, die von den Eigentümern verlassen wurden oder durch Fliegerangriffe, Bombardierung oder andere Kriegshandlungen beschädigt wurden, und gegen die Verhehlung geplünderter Sachen richtete.

5. Das Dekret des Präs. d. Rep. v. 8. 8. 1945, Sb. Nr. 62, über Erleichterungen im Strafverfahren, sieht auf materiellrechtlichem Gebiet die Möglichkeit vor, bei Diebstahl, Unterschlagung und Betrug die gesetzlichen Strafsätze zu unterschreiten.

6. Die Dekrete des Präs. d. Rep. und Gesetze über die Nationalisierung (100/45 Gruben, Industrieunternehmen; 101/45 Lebensmittelindustrie; 102/45 Aktienbanken; 103/45 Privatversicherungen; 120/48 Betriebe mit mehr als 50 Arbeitnehmern; 121/48 Bauwesen; u. a.) enthalten Straf-

bestimmungen gegen Umtriebe, die sich gegen die Nationalisierung richten.

7. Dekret des Präs. d. Rep. v. 27. 10. 1945, Sb. Nr. 138, über die Bestrafung einiger Verfehlungen gegen die nationale Ehre (Kleines Retributionsdekret), abgeändert und ergänzt durch die Gesetze 123/46, 246/46 und 34/48. Das Dekret gehört zum Verwaltungsstrafrecht. Es ist anwendbar nur auf Personen tschechischer oder slowakischer Nationalität oder Herkunft.

   § 1: „Wer zur Zeit erhöhter Gefährdung der Republik durch ungebührliches Verhalten, welches das nationale Gefühl des tschechischen oder slowakischen Volkes verletzte, öffentliches Ärgernis erregte, wird — sofern keine gerichtlich strafbare Handlung vorliegt — durch den Bezirks-Nationalausschuß mit Gefängnis bis zu einem Jahr oder Geldstrafe bis zu 1 Million Kcs oder öffentlicher Rüge oder zwei oder allen diesen Strafen bestraft."

   Das Dekret ahndet die politische Zusammenarbeit mit Deutschen oder Magyaren; die Propagierung, Verteidigung, Lobpreisung oder Unterstützung des Nazismus; und sogar gesellschaftlichen Verkehr mit Deutschen und Magyaren, wenn er „die Grenzen unerläßlicher Notwendigkeiten überstieg" (Richtlinien des Innenministers v. 26. 11. 1945).

8. Gesetz v. 8. 5. 1946, Sb. Nr. 115, über die Rechtmäßigkeit von Handlungen, die mit dem Kampf um die Wiedererwerbung der Freiheit der Tschechen und Slowaken zusammenhängen.

   „Eine Handlung aus der Zeit zwischen dem 30. 9. 1938 und 28. 10. 1945, die den Zweck hatte, zum Kampf um die Wiedererwerbung der Freiheit der Tschechen und Slowaken beizutragen, oder die auf eine gerechte Vergeltung für Taten der Okkupanten und ihrer Helfer gerichtet war, war auch dann nicht rechtswidrig, wenn sie sonst nach den geltenden Vorschriften strafbar gewesen wäre." (§ 1)

9. Gesetz v. 18. 7. 1946, Sb. Nr. 165, über den strafrechtlichen Schutz der nationalen Unternehmen, der nationalisierten Unternehmen und der Unternehmen unter nationaler Verwaltung.

10. Gesetz v. 13. 2. 1947, Sb. Nr. 15, über die Verfolgung des Schwarzhandels und ähnlicher Umtriebe. (Dazu Richtlinien zur Durchf., hrg. durch Kundm. des Innenministers v. 27. 2. 1947, Amtsbl. I Nr. 345.) Das Gesetz umfaßt teils Verwaltungsstraftaten, teils gerichtlich strafbare Handlungen. Eine gerichtlich strafbare Handlung liegt vor, wenn der Täter den Tatbestand einer Verwaltungsstraftat erfüllt, aber weiß, daß er dadurch die Versorgung der Bevölkerung gefährden kann, oder wenn er aus Gewohnheit oder gewerbsmäßig handelt.

11. Gesetz v. 13. 2. 1947, Sb. Nr. 27, über den strafrechtlichen Schutz der Durchführung des Zweijahres-Wirtschaftsplans. Die Strafbestimmungen dieses Gesetzes dienen der Sicherstellung der Durchführung des Ges. 192/46 über den Zweijahres-Wirtschaftsplan.

12. Gesetz v. 9. 5. 1947, Sb. Nr. 87, über einige Maßnahmen zur Durchführung der nationalen Mobilisierung von Arbeitskräften; abgeändert und ergänzt durch Ges. 54/48.

13. Gesetz v. 26. 6. 1947, Sb. Nr. 128, Radiogesetz. Es ersetzt im wesentlichen das Radiogesetz 9/1924.

14. Gesetz v. 24. 10. 1947, Sb. Nr. 182, über die Verfolgung von Straftaten gegen den Staat. Über die Anwendbarkeit des Republikschutzgesetzes 50/23.

15. Gesetz v. 3. 2. 1948, Sb. Nr. 23, über den Vollzug der von den Strafgerichten verhängten Vermögensstrafen.

b) Gesetze seit 1948

Die Regierungskrise in der CSR in der Zeit zwischen 13. und 25. 2. 1948 hatte weitreichende innenpolitische Auswirkungen, die zum Teil revolutionären Charakter trugen. Diese „kommunistische Revolution“ wirkte sich bald auch auf dem Gebiete des Strafrechts aus.

Von den seither erschienenen strafrechtlichen Gesetzen sind insbesondere zu erwähnen:

16. Gesetz v. 25. 3. 1948, Sb. Nr. 40, über den strafrechtlichen Schutz gegen Brände.
Das Gesetz ersetzt die Bestimmungen der §§ 166—170, 434—459 StG. Verschärfte Strafen gegen Brandstiftung. Strafbestimmungen gegen Mißachtung der Brandschutzvorschriften.

17. Gesetz v. 15. 4. 1948, Sb. Nr. 87, über die Bekämpfung des Alkoholismus.

18. Gesetz v. 15. 4. 1948, Sb. Nr. 88, wodurch die Strafgesetze und die Strafprozeßordnungen abgeändert werden.
Die Geldstrafensätze werden im Hinblick auf die Geldentwertung auf das Drei- bzw. Fünffache erhöht.

19. Gesetz v. 6. 10. 1948, Sb. Nr. 231, zum Schutz der volksdemokratischen Republik.
Dieses neue umfangreiche Republikschutzgesetz ersetzt die §§ 68—75, 344—351 StG, das Republikschutzgesetz 50/23, das Gesetz 182/47. Im Anschluß erging das Gesetz 232/48 über das Staatsgericht.

20. Gesetz v. 27. 10. 1948, Sb. Nr. 241, Gesetz über den Fünfjahresplan.

21. Gesetz v. 25. 10. 1948, Sb. Nr. 247, über Zwangsarbeitslager. Aufgehoben durch § 151 VerwStG 1950.

22. Gesetz v. 22. 2. 1949, Sb. Nr. 59, über die Aberkennung militärischer Würden.

23. Gesetz v. 23. 3. 1949, Sb. Nr. 92, Wehrgesetz. — DVO 209/49.

24. Gesetz v. 16. 6. 1949, Sb. Nr. 162, über Waffen und Munition. Bemerkenswert ist § 22 Abs. 1:

> „Keine strafbare Handlung begeht, wer — obwohl er zum Führen von Waffen (Munition) nicht befugt ist — im Zeitpunkt unmittelbar drohender Gefahr eine Waffe (Munition) nachweisbar nur zur Abwendung der Gefahr bei sich hat.“

Durchführungsbestimmungen v. 5. 12. 1953, U. 1, Nr. 365.

25. Gesetz v. 12. 7. 1950, Sb. Nr. 86, Strafgesetz.

26. Gesetz v. 20. 12. 1950, Sb. Nr. 165, zum Schutz des Friedens. Das Gesetz, das im Rahmen der Propaganda für die östliche „Friedensoffensive“ erging, bestimmt:

> § 1. 1. Wer es versucht, das friedliche Zusammenleben der Völker zu stören, indem er auf irgendeine Art zum Kriege hetzt, den

Krieg propagiert oder sonstwie Kriegspropaganda unterstützt, begeht eine Straftat gegen den Frieden.

2. Der Täter wird mit Freiheitsentziehung von einem Jahr bis zu zehn Jahren bestraft. Der Täter wird mit Freiheitsentziehung von 10 bis 25 Jahren bestraft, wenn er eine im Absatz 1 angeführte Tat begeht

a) als Mitglied einer Vereinigung,

b) in bedeutendem Umfang, oder

c) wenn ein anderer besonders erschwerender Umstand vorliegt.

27. Entschließung des Präsidenten und der Regierung der CSR v. 9. 5. 1955 über die Amnestie (U. 1. v. 10. 5. 1955, S. 335).
28. Gesetz v. 19. 12. 1956, Sb. Nr. 63, womit das Strafgesetz Nr. 86/1950 Sb. abgeändert und ergänzt wird (hier S. 115).
29. Kundmachung des Justizministers v. 22. 12. 1956, Sb. Nr. 1/1957, betr. den vollen Wortlaut des Strafgesetzes (hier S. 115).
30. VO der Minister der Justiz, des Innern und der nationalen Verteidigung v. 23. 8. 1957, Sb. Nr. 51, über das Strafregister.
31. Entschließung des Präsidenten und der Regierung der CSR v. 1. 12. 1957 (U. l. v. 2. 12. 1957, S. 765) über die Amnestie.
32. Gesetz v. 19. 12. 1957, Sb. Nr. 68, über die künstliche Schwangerschaftsunterbrechung (hier S. 116).
33. Kundmachung v. 21. 12. 1957, U. 1 Nr. 249, zur Durchführung des Gesetzes über die künstliche Schwangerschaftsunterbrechung (hier S. 118).

c) Das neue Strafrecht

Die im Februar 1948 gebildete Regierung ging planmäßig daran, eine neue kommunistische Rechtsordnung zu schaffen. Sie stellte durch Beschluß vom 7. 6. 1948 einen „Juristischen Zweijahresplan“ auf, durch den das Justizministerium beauftragt wurde, bis 1. 9. 1950 die Entwürfe für ein neues Justizrecht vorzulegen. Am 1. 9. 1948 wurde eine besondere Kommission zur Kodifizierung des Strafrechts gebildet. Sie bestand aus 20 bis 30 Mitarbeitern, die sich etwa zur Hälfte aus Fachleuten auf dem Gebiete des Strafrechts und Verwaltungsrechts und zur Hälfte aus Abgeordneten, öffentlichen Funktionären, Vertretern gewisser Organisationen und Arbeitern zusammensetzte. In 13 ähnlich zusammengesetzten Unterkommissionen wurden die Vorarbeiten geleistet. Diese juristischen „Arbeitskollektive“ erfüllten sogar vorzeitig ihr Plansoll.

Am 12. 7. 1950 beschloß die Nationalversammlung den neuen Strafrechtskodex, der aus den Gesetzen Nr. 86—89 bestand, die am 1. 8. 1950 in Kraft getreten sind:

1. Gesetz Nr. 86 Sb.: Strafgesetz,
2. Gesetz Nr. 87 Sb.: Gesetz über das gerichtliche Strafverfahren (Strafprozeßordnung),
3. Gesetz Nr. 88 Sb.: Verwaltungsstrafgesetz,
4. Gesetz Nr. 89 Sb.: Gesetz über das Verwaltungsstrafverfahren (Verwaltungsstrafverfahrensordnung).

Durch diese Gesetze wurde die seit Bestehen der CSR angestrebte Rechtsvereinheitlichung für das ganze Staatsgebiet erreicht. Alle früheren

Rechtsvorschriften, die eine in diesen Gesetzen geregelte Materie betreffen, wurden aufgehoben. Die wichtigsten aufgehobenen Rechtsvorschriften werden in den Gesetzen beispielsweise aufgeführt; im übrigen wurde es der Rechtsprechung überlassen, festzustellen, ob und inwieweit einzelne alte Rechtsvorschriften noch anwendbar sind. Die Tendenz geht dahin, in den neuen Gesetzen für das ganze Staatsgebiet das gesamte materielle und formelle Strafrecht zusammenzufassen und jede Aufsplitterung auf Nebengesetze zu vermeiden. Deshalb gibt es neben diesen Gesetzen zum Beispiel kein eigenes Militärstrafrecht, Steuerstrafrecht, Devisenstrafrecht mehr. Auch alle Strafbestimmungen zum Schutze des Staates und das gesamte Jugendstrafrecht sind in diese Gesetze eingebaut worden. Neu erlassene Gesetze, die irgendeine außerstrafrechtliche Materie regeln, enthalten keine Strafbestimmungen mehr; soweit solche für notwendig erachtet werden, werden sie in die Kodexgesetze eingefügt. Ausnahmen bilden das Gesetz Nr. 165/50 Sb. zum Schutze des Friedens (hier S. 11) und das Gesetz Nr. 68/57 Sb. über die künstliche Schwangerschaftsunterbrechung (hier S. 116).

Die bei der Ausführung des Juristischen Zweijahresplans zurückgestellte Reform der Gerichtsorganisation wurde im Jahre 1952 nachgeholt. Unter dem 30. 10. 1952 erschienen das Verfassungsgesetz Nr. 64 Sb. über die Gerichte und die Prokuratur, das Gesetz Nr. 65 Sb. über die Prokuratur und das Gesetz Nr. 66 Sb. über die Organisation der Gerichte. Im Zuge dieser Reform erging das Gesetz vom 30. 10. 1952, Nr. 67 Sb., womit die Strafprozeßordnung abgeändert und ergänzt wird. Der neue Wortlaut der StPO wurde bekanntgemacht durch Kundmachung des Justizministers vom 31. 12. 1952, Nr. 1/1953 Sb. betr. den vollen Wortlaut der Strafprozeßordnung.

Das Verwaltungsstrafrecht wurde abgeändert und ergänzt, insbesondere durch die Gesetze vom 22. 12. 1953, Nr. 102 Sb., vom 19. 12. 1956, Nr. 64 Sb. (§ 413 Ziff. 3) und vom 6. 3. 1957, Nr. 14 Sb. Auch die Bestimmungen der Verwaltungsstrafverfahrensordnung wurden wiederholt abgeändert und ergänzt.

Als am 25. 2. 1956 auf dem XX. Parteikongreß der KPdSU in Moskau Chruschtschow, der Erste Parteisekretär, einen neuen politischen Kurs einleitete, geißelte er mit harten Worten die Strafjustiz der vergangenen Ära: „Der von Stalin stammende Begriff des Volksfeindes ermöglichte die Anwendung grausamster Unterdrückung und die Verletzung des Grundsatzes der sozialistischen Gesetzlichkeit zum Nachteil derer, die in irgendeinem Punkt nicht mit Stalin übereinstimmten, bei denen auch nur der geringste Verdacht feindlicher Absichten vorlag oder die nicht gut angeschrieben waren. In der Regel genügte — in Widerspruch mit der Rechtslehre — als einziger Schuldbeweis das „Geständnis" des Angeklagten. Deshalb wurden solche „Geständnisse", wie sich herausgestellt hat, oft unter physischem Druck von den Angeklagten erpreßt. Das führte zu flagranten Verletzungen der sozialistischen Gesetzlichkeit . . ." Als Echo auf diese Rede wurden in der UdSSR und in den einzelnen Staaten des Ostblocks Reformen des Strafrechts gefordert, durch die dem einzelnen der Eindruck gegeben werden sollte, daß er nun nicht mehr wie früher schutzlos der Macht der Polizei ausgeliefert sei, sondern sich in einem ordentlichen Gerichtsverfahren wirksam gegen ungerechtfertigte Beschuldigungen verteidigen könne. Damit wurde vor allem eine Reform des Strafprozeßrechts gefordert.

In der CSR wurde eine solche Forderung auf der Gesamtstaatlichen Konferenz der KP am 15. 6. 1956 in Prag erhoben (Konferenzbeschlüsse, Punkt VI: „Zur Festigung der sozialistischen Gesetzlichkeit"). Die Strafprozeßordnung müsse reformiert und die Befugnisse des Prokurators und die Gerichtsorganisation müßten neu geregelt werden. Um den Eindruck eines neuen politischen Kurses zu vermitteln, wurde ferner gefordert, das Strafgesetz dahin zu reformieren, daß es künftig den Grundsätzen der sozialistischen Gesetzlichkeit voll Rechnung trage. Die Reform mußte unverzüglich erfolgen, wenn sie ihren politischen Zweck erfüllen sollte.

Am 19. 12. 1956 wurden von der Nationalversammlung folgende Gesetze beschlossen:

1. Gesetz Nr. 63 Sb. zur Abänderung und Ergänzung des Strafgesetzes Nr. 86/50 Sb.,
2. Gesetz Nr. 64 Sb. über das gerichtliche Strafverfahren (Strafprozeßordnung),
3. Gesetz Nr. 65 Sb. über die Prokuratur,
4. Gesetz Nr. 66 Sb., betr. die Abänderung und Ergänzung des Gesetzes Nr. 66/52 Sb. über die Organisation der Gerichte.

Die neue Fassung des Strafgesetzes wurde durch Kundmachung des Justizministers vom 22. 12. 1956, Nr. 1/57 Sb., bekanntgemacht. Sie liegt der nachfolgenden Übersetzung zugrunde.

d) Das Strafgesetz

Die für die Gesellschaft besonders gefährlichen Straftaten werden nach dem StG, weniger sozialgefährliche Straftaten nach dem VerwStG bestraft. Häufig entspricht dem Tatbestand einer gerichtlich strafbaren Handlung ein sinngemäß nachgebildeter Tatbestand nach dem VerwStG. Die Abgrenzung ist oft unscharf. Durch „geschmeidige" Formulierung der Tatbestände wurde angestrebt, Lücken zu vermeiden, die sich ein Klassenfeind zunutze machen könnte. Die Einteilung der strafbaren Handlungen in Verbrechen, Vergehen und Übertretungen ist dem neuen csl. Strafrecht ebenso unbekannt wie dem sowjetischen Strafrecht, das weitgehend Vorbild des neuen csl. Strafrechts war. Die Verstöße gegen das VerwStG werden als „Übertretungen" bestraft. Zunächst waren hierfür nur die Nationalausschüsse zuständig; sie konnten ursprünglich auch auf Freiheitsentziehung bis zu zwei Jahren oder auf Einweisung in ein Zwangsarbeitslager erkennen. Seit dem Gesetz Nr. 102/53 Sb. entscheiden über Übertretungen je nach der zu verhängenden Strafe die Nationalausschüsse oder die Gerichte. Die Abgrenzung der Zuständigkeit der örtlichen Nationalausschüsse ergibt sich aus der RegVO v. 11. 10. 1957, Nr. 65 Sb.

Der Allgemeine Teil des StG ist sehr knapp gehalten. Jede Straftat setzt eine für die Gesellschaft gefährliche Handlung voraus. Wenn eine Handlung nicht sozialgefährlich ist, stellt sie keine kriminell strafbare Handlung dar, auch wenn sie alle anderen Deliktsmerkmale erfüllt. Ist das Maß der Sozialgefährlichkeit nur gering, so kann der Prokurator oder das Gericht von der Strafverfolgung absehen. § 2 ist der Angelpunkt des ganzen Strafrechts. Aus ihm ergibt sich auch der Grundsatz nullum crimen sine lege, der in § 35 der Verfassung verankert ist. Er wird allerdings durchlöchert durch zahlreiche weite, ausfüllungsbedürftige Tatbestände, durch unbestimmte Rechtsbegriffe und durch viele meist stereotype Generalklauseln. Für die Tatbestandsmäßigkeit als Element des Deliktsbegriffs ist auch § 75 Ziff. 3 von Bedeutung. Am Schuldprinzip wird festgehalten. Es gibt nur zwei Schuldformen: Vorsatz und Fahrlässigkeit. Fahrlässiges Handeln ist nur strafbar, soweit das Gesetz es ausdrücklich unter Strafe stellt. Die verminderte Strafbarkeit fahrlässigen Handelns ergibt sich aus der verminderten Sozialgefährlichkeit des Täters. Die Strafbarkeit fahrlässig begangener Straftaten findet ihre Grenzen, wo die Sozialgefährlichkeit aufhört. Der Versuch einer Straftat setzt eine sozialgefährliche Handlung voraus. Auch ein absolut untauglicher Versuch kann daher unter Umständen strafbar sein. Der Versuch wird regelmäßig mit derselben Strafe bedroht wie die vollendete Tat, weil die Sozialgefährlichkeit die gleiche ist. Anstifter und Gehilfen stehen unter der gleichen Strafdrohung wie der Haupttäter. Auch bei Notwehr und Notstand spielt die Sozialgefährlichkeit eine entscheidende Rolle. Die Grenze der Deliktsfähigkeit Jugendlicher liegt — entsprechend der verlängerten Schulpflicht — beim 15. Lebensjahr. Die Zurechnungsfähigkeit eines Täters ist von seiner Fähigkeit zur Einsicht in die Sozialgefährlichkeit seines Handelns abhängig. Die Bestimmung, daß nur das mildere Strafgesetz rückwirkende Kraft habe, ist, nachdem das Retributionsdekret und andere politische Rachegesetze von diesem Grundsatz abgegangen waren, von besonderer Bedeutung. Ein kriminalpolitisches Programm ergibt sich aus § 1. Im Vordergrund steht der Schutz des herrschenden politischen Systems gegen gefährliche Elemente. Diese sind entweder unschädlich zu machen oder zu „erziehen". Alle Maßnahmen des Strafrechts sollen „erzieherisch auf die übrigen Mitglieder der Gesellschaft wirken" (§ 17); das Gesetz anerkennt, daß dies nur möglich sei, wenn der Strafvollzug die Menschenwürde achte. Bei Jugendlichen, die grundsätzlich für erziehungsfähig gehalten werden, sind Strafen und Strafvollzug in besonderem Maße auf die „Erziehung zu einem ordentlichen werktätigen Menschen" ausgerichtet. Neben die Strafen treten Schutzmaßnahmen, die auf Grund einer sozialen Prognose unabhängig von einer Schuld des Täters verhängt werden. Es gibt wie im sowjetischen Strafrecht nur eine einheitliche „Strafe der Freiheitsentziehung". Sie ist stets mit Arbeitszwang verbunden. Die frühere Unterscheidung von schwerem Kerker, Kerker, strengem Arrest, Verschließung usw. ist weggefallen. Das Problem der kurzfristigen Freiheitsentziehung mußte in einem Strafrecht, in dem die Erziehung bzw. soziale Anpassung im Vordergrund steht, besonders akut werden. Es wurde eine Lösung durch eine neue Strafart gesucht, die sich an ein sowjetisches Vorbild anlehnt: die kurzfristige Freiheitsentziehung wird durch die „Besserungsmaßnahme" ersetzt, die in einer in Freiheit gegen geringeren Lohn zu leistenden befristeten Strafarbeit besteht. Die Geldstrafe ist nie Hauptstrafe; sie wird als Nebenstrafe vor allem dort verhängt, wo es gilt, Vermögenswerte, die auf einem arbeitslosen Einkommen beruhen und mit der Begehung der Tat in Zusammenhang stehen, abzuschöpfen.

Der Besondere Teil des StG wird in zehn Hauptstücke geteilt. Das letzte Hauptstück enthält das Militärstrafrecht, das im Gegensatz zum früher geltenden Recht und zu den csl. StG-Entwürfen, jedoch nach dem

Vorbild des sowjetischen Rechts, in das allgemeine StG aufgenommen wurde. Der Aufbau der Tatbestände zeigt die besondere Sorge des Gesetzgebers, alle denkbaren Gefahren für das herrschende Regime möglichst sicher abzuschirmen. Aus dem Republikschutzgesetz, dem Staatsverteidigungsgesetz und anderen Staatsschutzgesetzen, die zu einer Zeit größter äußerer und innerer Spannungen entstanden sind, wurden verschiedene Bestimmungen in das StG übernommen. In den zahlreichen Bestimmungen zur Sicherung des Staates kommt der Mangel an innerem Frieden deutlich zum Ausdruck. Während die Strafen für Delikte gegen den Staat außerordentlich hart sind, ist in bezug auf politisch neutrale Straftaten eine deutliche Tendenz zur Milderung der Strafsätze festzustellen. Die Grundlagen des Strafvollzugsrechts ergeben sich teils aus dem StG, teils aus der StPO.

e) Die Strafgesetznovelle 1956

Die Novelle hat die Aufgabe, der „Festigung der sozialistischen Gesetzlichkeit" zu dienen. Man will damit gewisse liberale Tendenzen andeuten, ohne die erreichten politischen Positionen aufzugeben. In den Vordergrund wird gestellt, daß das StG erziehend und bessernd zu wirken habe. Man war auch schon vor der Novelle von einem gewissen Erziehungsoptimismus ausgegangen, ohne daß das Strafrecht dadurch besonders human geworden wäre. In Hinsicht auf die erzieherische Aufgabe des Strafrechts werden durch die Novelle die Möglichkeiten der bedingten Verurteilung erweitert. Die Todesstrafe ist nicht mehr absolute Strafe; wo sie es bisher war, tritt neben sie die Strafe der Freiheitsentziehung auf 25 Jahre. Da die Strafe lebenslanger Freiheitsentziehung nicht der Erziehung und Besserung dienen kann, wird sie durch Freiheitsentziehung auf die Dauer von 25 Jahren ersetzt. Aus dem gleichen Grunde dürfen Tätigkeits- und Aufenthaltsverbote nicht mehr für dauernd, sondern nur mehr auf Zeit verhängt werden. Das Verbot, bei gewissen Straftaten den Strafsatz zu unterschreiten, wird aufgehoben. Die besonders harter Kritik ausgesetzten Zwangsarbeitslager, die seit dem Gesetz Nr. 67/52 den harmlosen Namen „Übergangsanstalten" geführt hatten, werden beseitigt. Es wird sich zeigen, inwieweit die mit Arbeitszwang verbundene Freiheitsentziehung und insbesondere die in erweitertem Umfang anwendbare „Besserungsmaßnahme" zu ähnlichen Einrichtungen führt. Die Nebenstrafe des Verlustes der Staatsbürgerschaft wird aufgehoben. Die Verpflichtung der Gerichte, bei gewissen Delikten auf Geldstrafe oder Vermögensverfall zu erkennen, fällt weg. Es wird der Begriff der verminderten Zurechnungsfähigkeit eingeführt. Im Besonderen Teil des StG werden mehrere Tatbestände gestrichen. Andere, z. B. Hochverrat, Sabotage, Spionage, Diebstahl und Beschädigung an Vermögen, das in sozialistischem Eigentum steht, werden neu gefaßt. Einige neue Tatbestände werden geschaffen, z. B. Untergrabung der Republik, Terror, Schädigung, Eindringen in das Gebiet der Republik, Spekulation, Schmarotzertum, Begehung von Exzessen, Kuppelei.

In der Amtlichen Begründung (Motivenbericht) zur Strafgesetznovelle wird ausgeführt:

„Einige Bestimmungen des bisherigen Strafgesetzes haben es unmöglich gemacht, daß die Strafgerichtsbarkeit ihre erziehende Funktion entfalte. Es handelt sich insbesondere um die Bestimmungen, durch die bei

einigen strafbaren Handlungen verboten wurde, eine bedingte Verurteilung auszusprechen, auch wenn im Hinblick auf die Umstände des konkreten Falles und auf die Person des Täters ein solcher Ausspruch voll am Platze gewesen wäre. Zu ähnlichen Folgen führten auch andere Bestimmungen, durch die das Gericht verpflichtet wurde, auf gewisse Nebenstrafen zu erkennen, insbesondere auf die Strafe des Vermögensverfalls und auf Geldstrafe. Das Strafgesetz ermöglichte auch die Anwendung von Strafen unbestimmter Dauer, z. B. die Strafen lebenslanger Freiheitsentziehung, dauernden Tätigkeitsverbotes und dauernden Aufenthaltsverbotes.

Diese Bestimmungen führten dazu, daß die Gerichte häufig die Strafen mechanisch verhängten; das schwächte die erzieherische Wirkung der gerichtlichen Entscheidungen. Die Gerichte konnten ihrer Aufgabe, erziehend zu wirken, auch deshalb nicht in vollem Ausmaß gerecht werden, weil das Strafgesetz keine Möglichkeit gewährte, in größerem Umfang von der bedingten Verurteilung und der Besserungsmaßnahme Gebrauch zu machen, sondern deren Anwendung durch viele Bedingungen beschränkte.

Ein Mangel bestand auch darin, daß das Strafgesetz nicht immer eine Differenzierung nach der Sozialgefährlichkeit der Handlungen der Täter zuließ, z. B. bei Diebstahl und Beschädigung von Vermögen, das in sozialistischem Eigentum steht, wo die Frage der Erziehung besonders wichtig ist. Das Gesetz zwang die Gerichte, die Täter auch in Fällen, in denen ein nur unerheblicher Schaden herbeigeführt wurde, die Täter zu verurteilen. Die Tatsache, daß auch über diese Fälle die Gerichte entschieden, konnte auf die Massen der Werktätigen nicht erziehlich wirken, weil hierdurch der Unterschied zwischen einem erheblich sozialgefährlichen und einem nur wenig sozialgefährlichen Handeln verwischt wurde; eine Erziehung der Werktätigen zur Hütung sozialistischen Eigentums wird in solchen unbedeutenden Fällen besser dadurch erreicht, daß über sie andere Organe, z. B. unmittelbar in den Betrieben, entscheiden.)*

Die angeführten Mängel haben zur Vorlage dieser Strafgesetznovelle Anlaß gegeben. Die Novelle ergab sich auch aus der Forderung, den Schutz unserer Gesellschaftsordnung und aller Errungenschaften, die unser werktätiges Volk in seinem Bemühen um einen sozialen Aufbau unseres Vaterlandes erreicht hat, zu verstärken und zu vertiefen.

Die Reform verwirklicht alle diese Forderungen insbesondere dadurch, daß sie die Möglichkeit, eine bedingte Verurteilung auszusprechen, erweitert und die Bestimmungen, die bisher bei einer Reihe von Straftaten eine bedingte Verurteilung ausschloß, beseitigt. Sie ermöglicht es, nicht nur bei Jugendlichen, wie das schon bisher der Fall war, sondern auch bei den anderen Tätern von einer Bestrafung abzusehen. Sie erweitert die Möglichkeit, die Strafe der Besserungsmaßnahme zu verhängen, macht den Vermögensverfall und die Geldstrafe zu nur fakultativen Strafen, hebt die Strafe lebenslanger Freiheitsentziehung auf, setzt neben die Todesstrafe alternativ die Strafe der Freiheitsentziehung auf die Dauer von 25 Jahren, präzisiert einige Bestimmungen insbesondere des Besonderen Teils des Strafgesetzes und führt einige neue Bestimmungen ein.

---

*) Vgl. Anm. zu § 245 StG.

Die Novelle ermöglicht es, daß das Strafgesetz als wirksames Mittel gegen die Feinde des sozialistischen Aufbaus angewendet werde und gleichzeitig, daß alle nach dem Strafgesetz getroffenen Maßnahmen erzieherisch auf die Massen der Werktätigen wirken. So trägt die Novelle des Strafgesetzes zur Festigung der sozialistischen Gesetzlichkeit bei, die eine der wichtigsten Voraussetzungen einer erfolgreichen Entwicklung des Sozialismus in unserem Lande ist.“

f) Die Übersetzung

Die vorliegende Übersetzung des Strafgesetzes vermittelt nicht nur die Kenntnis des sonst schwer zugänglichen neuen csl. Strafrechts, sondern gibt auch einen Einblick in die Entwicklungstendenzen des Strafrechts hinter dem eisernen Vorhang.

Die Übersetzung hält sich möglichst wörtlich an den Originaltext. Hierbei wurde die Terminologie berücksichtigt, deren sich der csl. Gesetzgeber in den Jahren 1918—1945 bediente, als seine Gesetze noch in amtlicher deutscher Übersetzung erschienen. So wurde zum Beispiel die amtliche deutsche Übersetzung des Republikschutzgesetzes aus dem Jahre 1923 oder des Staatsverteidigungsgesetzes aus dem Jahre 1936, soweit diese in das neue Strafgesetz eingebaut wurden, der vorliegenden Übersetzung im wesentlichen zugrunde gelegt, auch wenn die verwendete Terminologie nicht immer glücklich erschien. Nur in wenigen Punkten bin ich nach reiflicher Überlegung von der früheren Terminologie abgewichen, so z. B. in dem Fall, wo das Republikschutzgesetz 50/23 und andere vor 1945 erschienene Gesetze von verfassungsmäßigen oder öffentlichen „Faktoren“ sprachen. Der tschechische Ausdruck hierfür ist das Substantiv des tschechischen Ausdrucks für „tuen“. Da eine entsprechende Substantivierung im Deutschen nicht möglich ist, wurde in der amtlichen deutschen Übersetzung des Ges. 50/23 im Anschluß an die lateinischen Wörter facere — factor das Fremdwort „Faktor“ verwendet. Dieser Ausdruck wurde schon früher vielfach kritisiert und hat sich in dem ihm gegebenen Sinne nie in der deutschen Sprache eingelebt. In der vorliegenden Übersetzung wurde daher der Ausdruck „Funktionär“ gewählt, weil dieser Ausdruck ein in der deutschen Sprache geläufiges Fremdwort ist, unter dem man sich gemeinhin das vorstellt, was der tschechische Gesetzestext sagen will. Dieser Ausdruck findet sich übrigens auch schon in der amtlichen Übersetzung einiger csl. Gesetze aus der Vorkriegszeit, vgl. § 6 des Ges. 178/24. Andrerseits wurde nicht übersehen, daß das Wort Funktionär in seiner tschechisierten Form vom csl. Gesetzgeber in einzelnen Gesetzen, darunter auch im vorliegenden Strafgesetz, anderweitig verwendet wird. Der hieraus sich ergebende Nachteil, daß zwei verschiedene tschechische Ausdrücke — sogar in einem und demselben Paragraphen (§ 75 Ziff. 10) — mit demselben Ausdruck „Funktionär“ übersetzt werden, wurde als unerheblich in Kauf genommen.

Besondere Schwierigkeiten bietet die Übersetzung des tschechischen Wortes „sbor“, das eine Mehrheit von Personen, eine geschlossene Personengruppe, ein Kollegium, ein Korps bedeutet. Wie schon in den amtlichen Übersetzungen früherer csl. Gesetze wurde auch hier das Wort sbor, entsprechend seiner verschiedenen Bedeutung im Zusammenhang mit verschiedenen entsprechenden Ausdrücken übersetzt, z. B. Körperschaft, Einheit (§ 37), Korps (§ 111), Formation (§ 101).

Einleitung

In den §§ 288 a und b ist wörtlich von „Angehörigen eines Befehlshaberkorps" die Rede. Ich habe für die Übersetzung den Ausdruck „Befehlshaber" gewählt.

Bemerkenswert ist, daß das Gesetz unterscheidet zwischen W e h r m a c h t , Militär (Armee) und bewaffneten oder militärisch organisierten F o r m a t i o n e n , vgl. §§ 78 Abs. 3 c, 269, 103. Zur Wehrmacht gehören:

a) die Armee (das Militär). Nach § 2 des Wehrgesetzes Nr. 92/49 ist die Armee (das Militär) die Grundlage der Wehrmacht. Sie wird in den vom Gesetz vorgesehenen Fällen ergänzt durch die

b) öffentlichen, bewaffneten Formationen. Das sind militärisch organisierte und ausgebildete Einheiten, denen gewisse Aufgaben bei der Verteidigung des Staates übertragen sind. Gegenwärtig zählen hierzu die „Grenzwache" (§ 7 Ges. Nr. 69/51 Sb.) und die „Nationale Sicherheitstruppe" (§ 11 Ges. Nr. 286/48 Sb.). Sie sind ein Teil der Wehrmacht und unterliegen militärischer Befehlsgewalt;

c) öffentliche Sicherheitskorps. Ihre Aufgabe ist vornehmlich der Katastrophenschutz, z. B. bei Fliegerangriffen, Bränden u. ä. Diese Korps werden zu Bestandteilen der Wehrmacht, wenn sie nach § 46 des Wehrgesetzes zum Sonderdienst einberufen werden;

d) Personen, die sich der Wehrerziehung unterziehen, und Einheiten, die aus solchen Personen bestehen. Sie sind Bestandteile der Wehrmacht, wenn sie nach § 46 des Wehrgesetzes zum Sonderdienst einberufen werden;

e) Personen, die zu persönlichen Dienstleistungen einberufen werden (§ 45 Wehrgesetz).

Gewisse bewaffnete oder militärisch organisierte Formationen gehören nicht zur Wehrmacht im Sinne des Wehrgesetzes. Es handelt sich hierbei um Einheiten, die insbesondere dem inneren Schutz des Regimes, „dem Schutze der Interessen der volksdemokratischen Republik", dienen. An sie denkt der Gesetzgeber, wenn er im StG nicht nur von der Wehrmacht, sondern daneben von „bewaffneten oder militärisch organisierten Formationen" spricht.

Die „Vorschubleistung" in § 211 und die „Begünstigung" in § 485 des ehemals österr. StG wurde von den Tschechen mit ein und demselben Ausdruck übersetzt; dieser findet sich jetzt als Überschrift des § 163 StG. Er wurde hier mit dem Worte „B e g ü n s t i g u n g" übersetzt. Der Tatbestand entspricht der Begünstigung des § 257 III des deutschen StGB. Das von den Tschechen übernommene österr. StG unterschied „Teilnahme" und „Teilnehmung". Unter den Begriff „Teilnahme" fiel insbesondere der Fall, daß jemand „vorläufig sich mit dem Täter über die nach vollbrachter Tat ihm zu leistende Hilfe und Beistand, oder über einen Anteil am Gewinn und Vorteil einverstanden hat" (§ 5). „Teilnehmung" war ein delictum sui generis und lag vor, wenn jemand „ohne vorläufiges Einverständnis, nur erst nach begangenem Verbrechen dem Täter mit Hilfe und Beistand beförderlich ist oder von dem ihm bekannt gewordenen Verbrechen Gewinn und Vorteil zieht"; sie entsprach etwa der „Begünstigung" nach § 257 I des deutschen StGB. Es beging das Verbrechen der „Teilnehmung am Diebstahl" (§ 185), wer eine gestohlene Sache „verhehlt, an sich bringt oder verhandelt". Die „Verhehlung" nach § 214 (entsprechend der deutschen „Hehlerei") war ein Verbrechen durch Teilnehmung. Das neue csl. StG hat in seinem § 250 an der „Teilnehmung" als delictum sui generis festgehalten.

Einige Tatbestände des deutschen Strafrechts enthalten das Merkmal „gewerbsmäßig". Im vorliegenden csl. StG findet sich — im Gegensatz zu früheren Strafgesetzen, vgl. § 4 Abs. 2 des Ges. 15/47 — dieses Merkmal nicht mehr. Dagegen hebt das Gesetz häufig auf die „Erwerbsmäßigkeit" ab. Hiervon zu unterscheiden ist die „Gewinnsucht" des Täters, von der das Gesetz mehrmals spricht, z. B. §§ 20 c, 48.

Den besonderen Schutz des Gesetzes genießen die Genossenschaften, vgl. § 84. So wie es in der sowjetisch besetzten Zone Deutschlands Volksrichter und Volkspolizei gibt, werden die Genossenschaften im tschechischen Gesetzestext als „Volks-Genossenschaften" bezeichnet. Im Hinblick darauf, daß diese Wortverbindung zweideutig und ungebräuchlich und der Ausdruck „Genossenschaften des Volkes" zu schwerfällig ist, habe ich sie in der Übersetzung durch das einfache Wort „Genossenschaft" ersetzt.

Nach § 2 StG setzt jede Straftat „eine für die Gesellschaft gefährliche Handlung" voraus. Es ist darunter nichts anderes zu verstehen als eine „sozialgefährliche Handlung" im Sinne des sowjetischen Strafrechts, das Vorbild für das csl. StG gewesen ist. Es bedeutet daher nichts Besonderes, wenn ich bei der Übersetzung der Überschrift zu § 64 a StG aus sprachlichen Gründen den Ausdruck „Sozialgefährlichkeit der Tat" gewählt habe. Auch im csl. Schrifttum wird der Ausdruck „sozialgefährlich" häufig im Sinne des § 2 StG verwendet.

Die Ausdrücke „Schmarotzertum" (§ 188 a) und „Begehung von Exzessen" (§ 188 b) kommen dem Sinne des tschechischen Urtextes am nächsten, obwohl sie sich zweifellos auch anders übersetzen ließen. Unter ähnlichen Gesichtspunkten wurde für die Bezeichnung des Tatbestandes nach § 84 (záškodnictví) der Ausdruck „Schädigung" gewählt, obwohl dieser Ausdruck mit anderer Bedeutung in § 99 (válečné škůdnictví, Schädigung im Kriege), § 135 (poškozování provozu, Betriebsschädigung) und § 257 (poškození, Schädigung eines Gläubigers) verwendet werden muß. In den §§ 255, 245 a wurden die Ausdrücke poškození und poškozování mit „Beschädigung" übersetzt. Die Tatbestände nach den §§ 245, 245 a haben ihr Vorbild in dem Dekret des Präsidiums des Obersten Sowjets der UdSSR vom 4. 6. 1947 über die strafrechtliche Verantwortlichkeit rechtswidriger Aneignung (Chischtschenije) von Eigentum des Staates und der Gesellschaft (Übers. Gallas). Ebensowenig wie für das russische Wort eine zutreffende deutsche Übersetzung gefunden werden kann, die den verschiedenartigen Gebrauch der Verfügungsgewalt über Vermögen, das im Eigentum des Staates oder der Gesellschaft steht, kennzeichnet, können auch die in den nachgebildeten Tatbeständen des csl. StG verwendeten Ausdrücke „rozkrádání majetku v sozialistickém vlastnictví" und „poškozování ..." nicht zufriedenstellend übersetzt werden. Ich habe daher trotz der §§ 247, 255 die Ausdrücke „Diebstahl" und „Beschädigung" gewählt, weil eine Übersetzung mit „rechtswidriger Aneignung" zu frei und eine Übersetzung mit „Bestehlung" o. ä. sprachlich unerträglich wäre.

Einleitung

Der Text der 1952 in dieser Sammlung veröffentlichten Übersetzung ist auch dort, wo er durch neue Gesetze nicht verändert wurde, erneut durchgesehen und verbessert worden.

Im csl. Gesetzblatt folgt dem Text des StG eine „Übersicht über das Strafgesetz“, die in der vorliegenden Übersetzung dem Gesetz vorangestellt wurde.

Das Sachverzeichnis, das die Terminologie nicht nur des tschechischen, sondern auch des deutschen, österreichischen und schweizerischen Strafrechts berücksichtigt, wurde angefertigt, um eine schnelle Auffindung gesuchter Einzelbestimmungen zu erleichtern.

Abkürzungen

csl.	tschechoslowakisch
CSR	Tschechoslowakische Republik
RGBl.	österreichisches Reichsgesetzblatt
Sb.	Sbírka zákonů rep. Čsl. (Sammlung der Gesetze der CSR)
Slg.	Sammlung der Gesetze und Verordnungen des tschechoslowakischen Staates (amtliche deutsche Übersetzung)
Sl. z.	Slovenský zákonník (Slowakisches Gesetzblatt)
Ú. l.	Úřední list (Amtsblatt)
VerwStG	csl. Verwaltungsstrafgesetz

Übersicht über das Strafgesetz

Allgemeiner Teil

Besonderer Teil

Strafgesetz
vom 12. Juli 1950, Nr. 86 Sb.

Die Nationalversammlung der Tschechoslowakischen Republik hat folgendes Gesetz beschlossen:

ALLGEMEINER TEIL

ERSTES HAUPTSTÜCK
Zweck des Strafgesetzes

§ 1

Das Strafgesetz schützt die volksdemokratische Republik, ihren sozialistischen Aufbau, die Interessen des arbeitenden Volkes und den Einzelnen und erzieht zur Einhaltung der Regeln des sozialistischen Zusammenlebens. Mittel zur Erreichung dieses Zieles sind Strafdrohung, Verhängung und Vollstreckung von Strafen und Schutzmaßnahmen.

ZWEITES HAUPTSTÜCK
Grundlagen der strafrechtlichen Verantwortlichkeit

§ 2

Straftat

Nur eine für die Gesellschaft gefährliche Handlung, deren Erfolg, wie er im Gesetz angeführt ist, vom Täter verschuldet wurde, ist eine Straftat.

§ 3

Verschulden

1. Der im Gesetz angeführte Erfolg wird vorsätzlich verschuldet, wenn der Täter

a) ihn herbeiführen wollte, oder

b) wußte, daß er ihn herbeiführen kann, und für den Fall, daß er ihn herbeiführt, damit einverstanden war.

2. Der im Gesetz angeführte Erfolg wird fahrlässig verschuldet, wenn der Täter

a) wußte, daß er ihn herbeiführen kann, sich aber ohne angemessene Gründe darauf verlassen hat, daß er ihn nicht herbeiführen wird, oder

b) nicht wußte, daß er ihn herbeiführen kann, obwohl er das im Hinblick auf die Umstände und seine persönlichen Verhältnisse hätte wissen können.

§ 4

1. Wenn das Gesetz nicht ausdrücklich bestimmt, daß fahrlässiges Verschulden strafbar ist, wird zur Strafbarkeit vorsätzliches Verschulden gefordert.

2. Umstände, welche die Anwendung eines höheren Strafsatzes bedingen, werden jedoch

a) wenn es sich um einen schwereren Erfolg handelt, auch dann berücksichtigt, wenn der Täter ihn fahrlässig herbeigeführt hat, ausgenommen die Fälle, in denen das Gesetz auch hier ein vorsätzliches Verschulden fordert;

b) wenn es sich um eine andere Tatsache handelt, auch dann berücksichtigt, wenn der Täter diese nicht kannte, obwohl er im Hinblick auf die Umstände und seine persönlichen Verhältnisse sie kennen konnte, ausgenommen die Fälle, in denen das Gesetz auch hier fordert, daß der Täter sie kannte.

§ 5
Versuch

1. Eine für die Gesellschaft gefährliche Handlung, die der Täter mit dem Vorsatz, den im Gesetz angeführten Erfolg herbeizuführen, begangen hat, ist ein Versuch der Straftat, wenn dieser Erfolg nicht eintritt.

2. Der Versuch ist strafbar wie die Straftat selbst, doch wird bei der Strafbemessung auf die Umstände und Gründe, wegen deren es zu dem im Gesetz angeführten Erfolg nicht kam, und darauf, wie weit sich die Handlung diesem Erfolg genähert hat, Rücksicht genommen.

3. Der Versuch ist nicht strafbar, wenn der Täter freiwillig davon Abstand genommen hat, den im Gesetz angeführten Erfolg herbeizuführen.

§ 6
Mittäterschaft

Für einen im Gesetz angeführten Erfolg, der durch gemeinschaftliches Handeln herbeigeführt wurde, ist jeder der Mittäter verantwortlich, wie wenn er ihn selbst herbeigeführt hätte.

§ 7
Anstiftung und Beihilfe

1. Wer in einem andern vorsätzlich den Entschluß weckt, eine Straftat zu begehen, ist strafbar nach dem Strafsatz, der für die Straftat, zu der er angestiftet hat, bestimmt ist.

2. Wer einem andern vorsätzlich zur Begehung einer Straftat Hilfe leistet, ist strafbar nach dem Strafsatz, der für die Straftat, zu der er Hilfe geleistet hat, bestimmt ist. Hilfe ist insbesondere die Gewährung von Mitteln, die Beseitigung von Hindernissen, die Erteilung von Rat, die Bestärkung im Vorhaben oder das Versprechen, nach der Straftat Beistand zu leisten.

3. Die Strafbarkeit des Anstifters und Gehilfen ist nicht von der Strafbarkeit des unmittelbaren Täters abhängig.

4. Die Bestimmungen über den Versuch sind auch auf den Versuch der Anstiftung und Beihilfe anzuwenden.

5. Anstifter und Gehilfe sind nicht strafbar, wenn sie freiwillig verhindern, daß der Angestiftete oder derjenige, dem Beihilfe geleistet wurde, die Straftat begeht.

§ 8

Notwehr

Eine sonst strafbare Handlung, durch die jemand einen Angriff auf die volksdemokratische Republik, auf ihren sozialistischen Aufbau, auf die Interessen des arbeitenden Volkes oder auf den einzelnen abwendet, ist keine Straftat, wenn

a) der Angriff unmittelbar drohte oder andauerte und

b) die Abwehr dem Angriff angemessen war.

§ 9

Notstand

1. Eine sonst strafbare Handlung, durch die jemand eine der volksdemokratischen Republik, ihrem sozialistischen Aufbau, den Interessen des arbeitenden Volkes oder dem einzelnen unmittelbar drohende Gefahr abwendet, ist keine Straftat, wenn

a) der entstandene Schaden kleiner ist als der Schaden, der drohte, und

b) die Gefahr nicht anders abgewendet werden konnte.

2. Notstand nach Absatz 1 liegt nicht vor, wenn derjenige, dem die Gefahr drohte, verpflichtet war, ihr standzuhalten.

§ 10

Alter

Wer zur Zeit der Tat das fünfzehnte Lebensjahr nicht erreicht hat, ist strafrechtlich nicht verantwortlich.

§ 11

Unzurechnungsfähigkeit

Wer wegen geistiger Störung zur Zeit der Tat nicht erkennen konnte, daß sein Handeln für die Gesellschaft gefährlich ist, oder sein Handeln nicht bestimmen konnte, ist für eine solche Tat strafrechtlich nicht verantwortlich.

DRITTES HAUPTSTÜCK

Geltungsbereich der Strafgesetze

§ 12

1. Die Strafbarkeit einer Tat wird beurteilt nach dem Gesetz, das zur Zeit der Begehung der Tat galt; nach einem späteren Gesetz wird sie nur dann beurteilt, wenn es für den Täter günstiger ist.

2. Über Schutzmaßnahmen wird immer nach dem Gesetz entschieden, das zur Zeit der Entscheidung gilt.

§ 13

1. Die Strafbarkeit einer Tat, die im Gebiete der Tschechoslowakischen Republik begangen wurde, wird nach tschechoslowakischem Recht beurteilt.

2. Eine Straftat gilt als im Gebiet der Tschechoslowakischen Republik begangen.

a) wenn der Täter dort eine Handlung begeht, die auf den im Gesetz angeführten Erfolg gerichtet ist, auch wenn dieser Erfolg ganz oder teilweise im Ausland eingetreten ist oder eintreten sollte, oder

b) wenn der im Gesetz angeführte Erfolg ganz oder wenigstens teilweise dort eintritt oder eintreten soll, auch wenn der Täter die darauf gerichtete Handlung im Ausland begangen hat.

§ 14

1. Auch die Strafbarkeit einer Tat, die ein tschechoslowakischer Bürger oder ein staatenloser Bewohner der Tschechoslowakischen Republik im Ausland begeht, wird nach tschechoslowakischem Gesetz beurteilt.

2. Die Strafbarkeit folgender Straftaten wird nach tschechoslowakischem Gesetz auch dann beurteilt, wenn sie ein ausländischer Staatsangehöriger oder eine staatenlose Person, die nicht Bewohner der Tschechoslowakischen Republik ist, im Ausland begeht: Hochverrat (§ 78), Untergrabung der Republik (§ 79 a), Terror (§ 80 a), Schädigung (§ 84), Sabotage (§ 85), Spionage (§§ 86 und 87), Treubruch nach § 93, Schädigung im Kriege nach § 99, Gefährdung eines Wirtschafts- oder Dienstgeheimnisses nach § 112, Fälschung und Veränderung von Zahlungsmitteln (§ 139), Inverkehrbringen gefälschter und veränderter Zahlungsmittel (§ 140), Münzverringerung und Inverkehrbringen verringerter Münzen (§ 141), Anfertigung und Haltung von Fälschergerät (§ 142), Gewalttätigkeit gegen einen öffentlichen Funktionär (§ 177), Gefährdung des Betriebs gemeinnütziger Einrichtungen gemäß § 194 Abs. 1 Buchst. b), unerlaubte Herstellung und Haltung von Betäubungsmitteln und Giften gemäß § 197, Beraubung der persönlichen Freiheit (§ 230), Verschleppung ins Ausland (§ 231), Mädchenhandel (§ 243) und Kuppelei (§ 243 a). Dasselbe gilt für die Strafbarkeit einer Verbindung (§ 166), wenn sie auf diese Straftaten gerichtet ist.

§ 15

1. Die Strafbarkeit anderer als der in § 14 Abs. 2 angeführten Taten wird, wenn die Straftaten im Ausland von einem ausländischen Staatsangehörigen oder von einer staatenlosen Person, die nicht Bewohner der Tschechoslowakischen Republik ist, begangen wurden, nach tschechoslowakischem Gesetz nur dann beurteilt,

a) wenn die Tat auch nach dem Gesetz, das in dem Gebiet, wo die Tat begangen wurde, strafbar ist, und

b) wenn der Täter auf dem Gebiet der Tschechoslowakischen Republik ergriffen und einem ausländischen Staate nicht zur Strafverfolgung ausgeliefert wurde.

2. Wenn das Gesetz des Staates, in dessen Gebiet die Straftat begangen wurde, milder als das tschechoslowakische Gesetz ist, darf gegen den Täter keine Strafe verhängt werden, die strenger ist als jenes Gesetz.

§ 16

Ein tschechoslowakischer Bürger kann einem ausländischen Staat weder zur Strafverfolgung noch zur Strafvollstreckung ausgeliefert werden.

VIERTES HAUPTSTÜCK
Strafen

Erster Abschnitt
Gemeinsame Bestimmungen über Strafen

§ 17
Strafzweck

1. Zweck der Strafe ist:
a) den Feind des arbeitenden Volkes unschädlich zu machen,
b) den Täter an der weiteren Begehung strafbarer Handlungen zu hindern und ihn dazu zu erziehen, die Regeln des sozialistischen Zusammenlebens einzuhalten,
c) erzieherisch auf die übrigen Mitglieder der Gesellschaft zu wirken.

2. Durch den Strafvollzug darf die Menschenwürde nicht erniedrigt werden.

§ 17 a
Absehen von der Bestrafung*)

Das Gericht kann von der Bestrafung absehen, wenn es sich um eine Straftat von geringerer Bedeutung handelt und der Täter sonst ein ordentliches Leben als werktätiger Mensch führt; wenn das Gericht von der Bestrafung absieht, wird der Täter angesehen, als ob er nicht verurteilt worden wäre.

§ 18
Strafarten

1. Hauptstrafen sind:
a) Todesstrafe,
b) Freiheitsentziehung,
c) Besserungsmaßnahmen.

2. Nebenstrafen sind:
a) — aufgehoben —,
b) Verlust der bürgerlichen Ehrenrechte,
c) Ausschluß aus der Armee,
d) Verlust des militärischen Ranges,
e) Verfall des Vermögens,
f) Geldstrafe,
g) Verbot einer Tätigkeit,
h) Ausweisung,
ch) Aufenthaltsverbot,
i) Urteilveröffentlichung,
j) Verfall einer Sache.

3. Eine Nebenstrafe darf nur gemeinsam mit einer Hauptstrafe verhängt werden.

§ 19
Strafbemessung

1. Bei der Strafbemessung berücksichtigt das Gericht den Grad der Gefährlichkeit der Straftat für die Gesellschaft, insbesondere unter dem

*) Vgl. Einstellung der Strafverfolgung: StPO §§ 192 (durch den Prokurator), 245 (durch das Gericht), 314 (bei Jugendlichen); §§ 374, 377 (Absehen von Schutzmaßnahmen); § 347 (Absehen von der Strafvollstreckung) StPO.

Gesichtspunkt der Art der Durchführung der Straftat, ihrer Folgen, des Schuldausmaßes, der Person des Täters, der Möglichkeit seiner Besserung und der erschwerenden und mildernden Umstände.

2. Ein Umstand, der gesetzliches Merkmal einer Straftat ist, darf bei der Strafbemessung nicht als erschwerender oder mildernder Umstand berücksichtigt werden.

§ 20

Erschwerende Umstände

Ein erschwerender Umstand liegt insbesondere vor, wenn der Täter

a) durch die strafbare Handlung seine Feindschaft gegenüber der volksdemokratischen Ordnung zum Ausdruck gebracht hat,
b) durch die strafbare Handlung politische, militärische oder wirtschaftliche Interessen der Republik gefährdet hat,
c) die strafbare Handlung auf rohe Art, meuchlerisch, mit besonderer Arglist, aus Gewinnsucht oder aus anderen niederen Beweggründen begangen hat,
d) durch die strafbare Handlung eine besondere Pflicht verletzt hat, insbesondere eine Pflicht, die sich aus seiner verantwortlichen Stellung ergibt,
e) wegen einer Straftat gleicher Art schon verurteilt wurde,
f) verschiedene Straftaten begangen hat,
g) die Straftat wiederholt begangen oder durch längere Zeit hindurch fortgesetzt hat,
h) einen anderen, insbesondere einen Jugendlichen, zur Straftat verführt hat,
ch) durch die strafbare Handlung einen größeren Schaden verursacht hat, oder
i) die strafbare Handlung unter Ausnutzung der Wehrlosigkeit, Abhängigkeit oder dienstlichen Unterordnung eines anderen begangen hat.

§ 21

Mildernde Umstände

Ein mildernder Umstand liegt insbesondere vor, wenn der Täter

a) die strafbare Handlung in einem Zustand verminderter Zurechnungsfähigkeit begangen hat, sofern er ihn nicht selbst herbeigeführt hat, insbesondere durch den Genuß alkoholischer Getränke,
b) die strafbare Handlung in starker Erregung begangen hat,
c) die strafbare Handlung in einem Alter begangen hat, das dem Alter der Jugendlichen nahe liegt,
d) die strafbare Handlung unter dem Druck einer Abhängigkeit oder dienstlichen Unterordnung begangen hat,
e) die Straftat unter dem Einfluß unverschuldeter schwieriger persönlicher oder familiärer Verhältnisse begangen hat,
f) vor Begehung der Straftat ein ordentliches Leben als werktätiger Mensch geführt hat,
g) nach der Tat sich um die Beseitigung der schädlichen Folgen bemüht hat, oder
h) die Straftat gestanden hat, sofern ein solches Geständnis nicht nur weniger wichtige Tatsachen betrifft.

§ 22

Gesamt- und Zusatzstrafe

1. Wenn das Gericht den Täter wegen zweier oder mehrerer Straftaten verurteilt, erkennt es auf eine Gesamtstrafe nach der gesetzlichen Bestimmung, die sich auf die am strengsten strafbare Tat bezieht. Wenn die unteren Grenzen der Strafsätze für Freiheitsentziehungen verschieden sind, ist die höchste unter ihnen die untere Grenze der Gesamtstrafe. Wenn die oberen Grenzen der Strafsätze für zeitliche Freiheitsentziehungen gleich sind, erhöht sich die obere Grenze um ein Viertel. Die Bestimmungen über Nebenstrafen sind auch dann anzuwenden, wenn sie nur für eine der anzuwendenden Straftaten gelten.

2. Wenn das Gericht einen Täter wegen einer Straftat verurteilt, die er begangen hat, bevor im ersten Rechtszug ein Schuldspruch wegen einer anderen von ihm begangenen Straftat verkündet wurde, verhängt es eine Zusatzstrafe, durch welche die früher verhängte Strafe so ergänzt wird, als ob es sich um eine Gesamtstrafe nach Absatz 1 handeln würde. Eine weitere Strafe verhängt das Gericht aber nicht, wenn es die früher verhängte Strafe für ausreichend hält; auch in diesem Falle entscheidet es erneut über die bedingte Verurteilung (§ 26).

3. Wenn durch das vorausgegangene Urteil eine Besserungsmaßnahme verhängt worden war und das Gericht, das die Zusatzstrafe auferlegt, keine weitere Besserungsmaßnahme verhängt, hebt es die ursprünglich verhängte Besserungsmaßnahme auf und bestimmt als Gesamtstrafe gemäß Absatz 1 eine angemessene Strafe für beide Straftaten.

4. Die Bestimmungen über die Zusatzstrafen sind nicht anzuwenden, wenn in bezug auf die vorausgegangene Verurteilung der Täter so anzusehen ist, als ob er nicht verurteilt worden wäre.

§ 23

Anrechnung von Haft und Strafe

1. Die Zeit, die ein Täter wegen desselben Sachverhalts in Haft oder in einer von einem Richter oder einem anderen Organ verhängten Strafe verbracht hat, wird auf die Strafe der Freiheitsentziehung oder auf die Besserungsmaßnahme angerechnet; ein Tag Haft oder Freiheitsentziehung zählt für zwei Tage Besserungsmaßnahme.

2. Die im Absatz 1 angeführte Zeit wird auch auf die Ersatzstrafe für eine Geldstrafe angerechnet.

§ 24

Bedingte Verurteilung

1. Das Gericht schiebt die Vollstreckung einer die Dauer zweier Jahre nicht übersteigenden Strafe der Freiheitsentziehung bedingt auf, wenn es im Hinblick auf das vorausgegangene Leben des Täters und auf die Umstände des Falles Grund zu der Annahme hat, daß der Strafzweck auch ohne ihre Vollstreckung erreicht werden wird.

2. Wenn das Gericht die Vollstreckung der Strafe der Freiheitsentziehung bedingt aufschiebt, wird dadurch nicht die Vollstreckung von Nebenstrafen

aufgeschoben; das Gericht kann aber aussprechen, daß auch eine Geldstrafe, das Verbot einer Tätigkeit, eine Ausweisung und ein Aufenthaltsverbot oder auch nur eine dieser Nebenstrafen bedingt aufgeschoben wird.

§ 25

1. Bei bedingter Verurteilung bestimmt das Gericht eine Probezeit von einem Jahr bis zu drei Jahren; wenn es aber die Vollstreckung einer ein Jahr übersteigenden Strafe der Freiheitsentziehung aufschiebt, bestimmt es eine Probezeit von zwei bis fünf Jahren.

2. Das Gericht kann einem bedingt Verurteilten angemessene Beschränkungen auferlegen, die dahin zielen, daß er ein ordentliches Leben als arbeitender Mensch führt; in der Regel hat es ihm auch die Auflage zu machen, nach seinen Kräften den Schaden, den er durch seine Straftat verursacht hat, zu ersetzen.

3. Die Zeit, während der der bedingt Verurteilte innerhalb der Probezeit ein ordentliches Leben als arbeitender Mensch geführt und den auferlegten Bedingungen entsprochen hat, wird in die Probezeit, die bei bedingter Verurteilung wegen desselben Sachverhalts oder gemäß § 26 bestimmt wird, eingerechnet.

§ 26

Wenn das Gericht gegen den bedingt Verurteilten eine Zusatzstrafe verhängt, entscheidet es von neuem über die bedingte Verurteilung.

§ 27

1. Wenn der bedingt Verurteilte während der Probezeit ein ordentliches Leben als arbeitender Mensch geführt und den auferlegten Bedingungen entsprochen hat, erklärt das Gericht, daß er sich bewährt hat; im andern Falle entscheidet es, daß die Strafe vollstreckt wird. Wenn das Gericht erklärt, daß sich der bedingt Verurteilte bewährt hat, entscheidet es gleichzeitig darüber, ob der Rest der nicht verbüßten Strafe des Tätigkeitsverbotes und Aufenthaltsverbotes zu vollstrecken ist; eine Strafe der Freiheitsentziehung, die in Ersatz für eine nicht einbringliche Geldstrafe verhängt wurde, wird in diesem Falle nicht vollstreckt.

2. Wenn binnen einem Jahre nach rechtskräftiger Erklärung des Gerichts, daß der bedingt Verurteilte sich bewährt habe, hervorkommt, daß die Strafe hätte vollstreckt werden sollen, entscheidet das Gericht nachträglich, daß die Strafe vollstreckt wird.

§ 28

1. Wenn das Gericht auch nachträglich nicht entscheidet, daß die Strafe vollstreckt wird, ist der Täter anzusehen, als ob er nicht verurteilt worden wäre.

2. Ebenso wird der Täter angesehen, als ob er nicht verurteilt worden wäre, wenn das Gericht ohne Verschulden des Täters binnen zwei Jahren nach Ablauf der Probezeit nicht darüber entscheidet, ob er sich bewährt hat.

Zweiter Abschnitt

Verhängung und Vollstreckung der einzelnen Strafen*)

Todesstrafe

§ 29

1. Die Todesstrafe wird durch Erhängen vollstreckt; in einer Zeit erhöhter Gefährdung des Vaterlandes kann sie durch Erschießen vollstreckt werden.

2. Gegen eine schwangere Frau kann die Todesstrafe nicht verhängt werden.

Freiheitsentziehung

§ 30

Herabsetzung der Strafe

1. Das Gericht kann die Strafe der Freiheitsentziehung unter die untere Grenze des Strafsatzes nur herabsetzen, wenn das durch die Verhältnisse des Täters oder durch den Grad der Gefährlichkeit der Tat für die Gesellschaft begründet ist.

2. Bei der Herabsetzung der Strafe der Freiheitsentziehung nach Absatz 1 darf nicht verhängt werden eine Strafe

a) unter 10 Jahren, wenn nach dem Gesetz eine Strafe der Freiheitsentziehung von 25 Jahren zu verhängen ist,

b) unter 5 Jahren, wenn die untere Grenze des Strafsatzes mindestens 15 Jahre beträgt,

c) unter 3 Jahren, wenn die untere Grenze des Strafsatzes mindestens 10 Jahre beträgt,

d) unter einem Jahr, wenn die untere Grenze des Strafsatzes mindestens 5 Jahre beträgt.

§ 31

Dauer der Strafe

1. Die Strafe der Freiheitsentziehung darf auch, wenn sie nach diesem Gesetz erhöht wurde, nicht mehr als 25 Jahre betragen.

2. Die Strafe der Freiheitsentziehung, die gegen einen Täter wegen einer Straftat verhängt wurde, die er begangen hat, bevor an ihm eine andere Strafe der Freiheitsentziehung vollstreckt wurde, darf zusammen mit dieser Strafe, und wenn eine solche Strafe schon teilweise vollstreckt worden ist, zusammen mit deren Rest, nicht mehr als 25 Jahre betragen.

§ 32

Strafvollstreckung

1. Die Strafe der Freiheitsentziehung wird in Anstalten des Innenministeriums vollstreckt; wenn es sich um einen Soldaten im Grundmilitärdienst handelt, kann die Strafe der Freiheitsentziehung, sofern sie zwei Jahre nicht übersteigt, auch in einer militärischen Disziplinareinheit vollstreckt werden. Nützliche Arbeit soll dem Gefangenen die Möglichkeit geben, nach seiner Entlassung sich in die Reihen der Werktätigen einzugliedern.

---

*) Vgl. §§ 334 ff. StPO.

2. Wenn der Täter die Straftat nach Erreichung des 18. Lebensjahres begangen hat und die verhängte Strafe der Freiheitsentziehung oder der überwiegende Teil von ihr bis zum 20. Lebensjahr des Täters vollstreckt werden kann, kann das Gericht bestimmen, daß die Strafe wie bei einem Jugendlichen vollstreckt wird (§ 62). Diese Bestimmung erstreckt sich nicht auf Soldaten im Dienste.

§ 33

Bedingte Entlassung

Nach Verbüßung der Hälfte der Strafe der Freiheitsentziehung oder der Hälfte der Gesamtzeit solcher nacheinander verhängten Strafen kann der Gefangene bedingt entlassen werden, wenn er während des Strafvollzugs durch seine Arbeit und sein Verhalten eine Besserung bewiesen hat, die zu der Hoffnung berechtigt, daß er ein ordentliches Leben als arbeitender Mensch führen wird.

§ 34

1. Bei bedingter Entlassung wird die Probezeit auf zwei bis zehn Jahre festgesetzt. Diese Zeit beginnt mit der bedingten Entlassung des Häftlings.

2. Einem bedingt Entlassenen können angemessene Beschränkungen, die dahin zielen, daß er ein ordentliches Leben als arbeitender Mensch führt, auferlegt werden; es kann ihm auch auferlegt werden, nach seinen Kräften den Schaden, den er durch seine strafbare Handlung verursacht hat, zu ersetzen.

§ 35

1. Wenn der bedingt Entlassene während der Probezeit ein ordentliches Leben als arbeitender Mensch geführt und den auferlegten Bedingungen entsprochen hat, wird er angesehen, als ob er die Strafe mit dem Tage, an dem er bedingt entlassen wurde, verbüßt hätte; im andern Falle wird entschieden, daß der Strafrest zu vollstrecken ist.

2. Ebenso wird ein bedingt Entlassener angesehen, als ob er die Strafe mit dem Tage, an dem er bedingt entlassen wurde, verbüßt hätte, wenn ohne sein Verschulden binnen zwei Jahren nach Ablauf der Probezeit nicht entschieden wird, daß der Strafrest zu vollstrecken ist.

3. Wiederholte bedingte Entlassung aus derselben Strafe ist möglich nach Verbüßung der Hälfte des Strafrestes.

§ 36

(aufgehoben)

Besserungsmaßnahmen

§ 37

1. An Stelle einer Strafe der Freiheitsentziehung, die 6 Monate nicht übersteigen würde, verhängt das Gericht gegen den Täter eine Besserungsmaßnahme von einem Monat bis zu einem Jahr, wenn es diese Strafe zur Erreichung des Strafzwecks für ausreichend hält.

2. Eine Besserungsmaßnahme darf nicht verhängt werden

a) gegen einen Soldaten im Dienst,

b) gegen einen im Dienst befindlichen Angehörigen einer militärisch organisierten oder einer sonstigen Einheit, deren Angehörige nach besonderen Gesetzen den Bestimmungen über Militärstraftaten unterliegen,
c) gegen einen Kriegsgefangenen, oder
d) wenn andere Umstände vorliegen, die einer Vollziehung dieser Strafe entgegenstehen.

§ 38

Eine Besserungsmaßnahme wird in Freiheit vollstreckt. Sie besteht darin, daß der Täter verpflichtet wird, für die Dauer der Strafzeit eine ihm vorgeschriebene Arbeit gegen niedrigeren Arbeitslohn und ohne einige aus dem Arbeitsverhältnis sich ergebende Vorteile (§ 39) zu verrichten.

§ 39

1. Wenn der Täter in einem Arbeitsverhältnis steht, insbesondere wenn er überwiegend körperliche Arbeit leistet, ordnet das Gericht eine Änderung der Beschäftigung nicht an. Aus wichtigen Gründen kann das Gericht aber für die Dauer der Strafe eine Änderung der Beschäftigung des Täters anordnen, besonders in der Richtung, daß er weniger verantwortliche Arbeit oder an einem anderen Arbeitsplatz verrichte; in diesem Fall setzt das Gericht gleichzeitig Grundsätze fest für die Bestimmung von Art, Durchführung und Ort der Beschäftigung des Täters.

2. Von dem Lohn, der dem Verurteilten für seine Arbeit zusteht, verfällt ein Viertel dem Staat; das Gericht kann jedoch diesen Anteil bis auf ein Zehntel des Lohns herabsetzen.

3. Die Zeit des Vollzugs einer Besserungsmaßnahme wird auf die Zeitdauer des Arbeitsverhältnisses nicht angerechnet, soweit dessen Länge Bedeutung für die Entstehung oder den Umfang der Ansprüche aus dem Arbeitsverhältnis hat. Ansprüche des Täters aus der Sozialversicherung bleiben unberührt.

§ 40

1. Die Zeit, innerhalb welcher der Täter eine ihm vorgeschriebene Arbeit aus irgendeinem Grunde nicht ausführt, wird auf den Vollzug einer Besserungsmaßnahme nicht angerechnet.

2. Wenn der Täter eine ihm vorgeschriebene Arbeit nicht innerhalb der festgesetzten Frist antritt oder sie nicht ordentlich ausführt, ändert das Gericht die Besserungsmaßnahme in eine Strafe der Freiheitsentziehung ab. Für zwei Tage nicht vollzogener Besserungsmaßnahme verhängt das Gericht einen Tag Freiheitsentziehung.

§ 41

Wenn die Besserungsmaßnahme vollzogen wurde, wird der Täter angesehen, als ob er nicht verurteilt worden wäre; die Zeit des Vollzugs der Besserungsmaßnahme wird jedoch auf die Dauer des Arbeitsverhältnisses (§ 39 Abs. 3) erst nach Ablauf eines Jahres nach Vollzug der Strafe angerechnet.

§ 42

(aufgehoben)

Verlust der bürgerlichen Ehrenrechte

§ 43

Das Gericht spricht den Verlust der bürgerlichen Ehrenrechte aus, wenn es den Täter zur Todesstrafe verurteilt. In Hinsicht auf die Schwere der Tat und die Verwerflichkeit der Beweggründe kann das Gericht den Verlust der bürgerlichen Ehrenrechte auch aussprechen, wenn es den Täter für eine vorsätzlich begangene Straftat zu einer zwei Jahre übersteigenden Strafe der Freiheitsentziehung verurteilt.

§ 44

1. Der Verlust der bürgerlichen Ehrenrechte besteht darin, daß der Verurteilte
a) das Wahlrecht,
b) das Recht, die Funktion eines Richters und eines Volksrichters zu versehen,
c) die Würden eines Wissenschaftlers und Künstlers,
d) tschechoslowakische Auszeichnungen und Ehrenanerkennungen, das Recht, ausländische Auszeichnungen zu tragen, und das Recht, ausländische Ehrentitel zu führen,
verliert.

2. Das Gericht kann den Verlust aller im Absatz 1 angeführten Rechte oder nur eines von ihnen aussprechen.

3. Der Verlust der in Absatz 1 Buchst. a) und b) angeführten Rechte dauert, solange die Strafe der Freiheitsentziehung nicht verbüßt oder erlassen oder ihre Vollstreckung verjährt ist; das Gericht kann aber bestimmen, daß dieser Verlust auch noch nach Verbüßung der Strafe der Freiheitsentziehung andauert, und zwar bis zu 5 Jahren. Der Verlust der unter Buchst. c) und d) angeführten Rechte ist immer dauernd.

Ausschluß aus der Armee

§ 45

Das Gericht spricht den Ausschluß aus der Armee aus, wenn es einen Soldaten zur Todesstrafe oder zu einer Freiheitsentziehung von mindestens 20 Jahren verurteilt.

Verlust des militärischen Ranges

§ 46

1. Das Gericht spricht den Verlust des militärischen Ranges aus, wenn es die Strafe des Ausschlusses aus der Armee verhängt.

2. In Hinsicht auf die Schwere der Tat und die Verwerflichkeit der Beweggründe kann das Gericht den Verlust des militärischen Ranges aussprechen, wenn es den Täter für eine vorsätzlich begangene Straftat zu einer zwei Jahre übersteigenden Strafe der Freiheitsentziehung verurteilt.

3. Ein Militärgericht und das Militärkollegium des Obersten Gerichts können den Verlust des militärischen Ranges auch aussprechen, wenn dienstliche Interessen dies in Hinsicht auf die begangene Straftat erfordern.

4. Der Verlust des militärischen Ranges hat zur Folge, daß der Verurteilte in der Armee in den Rang eines Soldaten degradiert wird und daß er in einer Formation, dessen Angehörige der Militärgerichtsbarkeit unterliegen, seinen Rang verliert.

Verfall des Vermögens

§ 47

1. Das Gericht kann im Hinblick auf den Charakter und die Schwere der Tat und auf die Verhältnisse des Täters den Verfall des Vermögens aussprechen, wenn es den Täter zur Todesstrafe oder wegen einer vorsätzlich begangenen Straftat zu einer zwei Jahre übersteigenden Strafe der Freiheitsentziehung verurteilt.

2. Der Verfall des Vermögens trifft das gesamte Vermögen des Täters, oder den Teil davon, den das Gericht bestimmt; der Verfall bezieht sich aber nicht auf Mittel oder Sachen, die unerläßlich notwendig zur Befriedigung der Lebensbedürfnisse des Täters oder derjenigen Personen sind, für deren Unterhalt oder Erziehung der Täter nach dem Gesetz zu sorgen verpflichtet ist.

3. Durch den Ausspruch über den Verfall des Vermögens erlischt die gesetzliche Gütergemeinschaft.

4. Eigentümer des verfallenen Vermögens wird der Staat.

Geldstrafe

§ 48

Verhängung und Bemessung der Strafe

1. Das Gericht kann zusammen mit der Strafe der Freiheitsentziehung auch eine Geldstrafe verhängen, wenn der Täter durch eine vorsätzlich begangene Straftat eine feindselige Einstellung gegenüber der volksdemokratischen Ordnung gezeigt hat oder die Straftat aus Gewinnsucht begangen hat.

2. Bei der Bemessung der Geldstrafe berücksichtigt das Gericht die persönlichen und Vermögensverhältnisse des Täters in der Weise, daß die Geldstrafe für ihn vor allem eine fühlbare Beschränkung des Vermögens, das er ohne Arbeit durch Gewinne erworben hat, und eine Entziehung der Vermögensgrundlage, aus der heraus die Straftat entstanden ist, bedeutet. Die Geldstrafe wird mit einem Betrage von 100 Kčs bis 50 000 Kčs bemessen.

3. Der eingenommene Betrag einer Geldstrafe fällt dem Staate zu.

§ 49

Ersatzstrafe

1. Wenn das Gericht neben der Strafe der Freiheitsentziehung auch eine Geldstrafe verhängt, setzt es gleichzeitig für den Fall ihrer Uneinbringlichkeit eine Ersatzstrafe der Freiheitsentziehung fest.

2. Die Ersatzstrafe und die Strafe der Freiheitsentziehung dürfen zusammen nicht die obere Grenze des gesetzlichen Strafsatzes um mehr als ein Viertel übersteigen. Bei der Bemessung der Ersatzstrafe berücksich-

tigt das Gericht die persönlichen Verhältnisse des Täters und die Höhe der verhängten Geldstrafe.

§ 50

Haftung für eine uneinbringliche Strafe

Das Gericht kann bestimmen, daß für eine uneinbringliche gegen den Täter verhängte Geldstrafe auch der Eigentümer eines Privatunternehmens, in dessen Betrieb die Straftat begangen wurde, oder eine Person, die für die Leitung eines solchen Unternehmens verantwortlich ist, haften, sofern diese Personen fahrlässig zur Begehung der strafbaren Handlung beigetragen haben.

Tätigkeitsverbot

§ 51

1. Wenn der Täter bei Ausübung einer Tätigkeit oder eines Berufs eine strafbare Handlung begangen hat, durch die er die wirtschaftlichen Interessen der Republik geschädigt oder gefährdet hat, verbietet das Gericht dem Täter, eine solche Tätigkeit oder einen solchen Beruf auszuüben.

2. Das Gericht kann dem Täter verbieten, eine Tätigkeit oder einen Beruf auszuüben, wenn
a) der Täter die Straftat in Zusammenhang mit dieser Tätigkeit oder diesem Beruf begangen hat, oder
b) der Täter seine Tätigkeit oder seinen Beruf zur Begehung einer Straftat mißbrauchen könnte.

3. Das in Absatz 1 oder 2 angeführte Verbot wird vom Gericht auf die Dauer von einem Jahre bis zu 10 Jahren festgesetzt; die Zeit des Vollzugs einer Strafe der Freiheitsentziehung wird auf diese Zeit nicht angerechnet.

Ausweisung

§ 52

Das Gericht verhängt gegen einen Täter, der nicht tschechoslowakischer Bürger ist, die Strafe der Ausweisung aus dem Gebiet der Tschechoslowakischen Republik, wenn die Sicherheit von Menschen oder Eigentum oder ein anderes allgemeines Interesse es erfordert.

Aufenthaltsverbot

§ 53

1. Das Gericht verbietet dem Täter auf Zeit oder auf immer den Aufenthalt in irgendeinem Teil des Gebiets der Tschechoslowakischen Republik, wenn die Sicherheit von Menschen oder Eigentum oder ein anderes allgemeines Interesse es erfordert.

2. Das im Absatz 1 angeführte Verbot wird vom Gericht auf die Dauer von 3 bis 10 Jahren festgesetzt; die Zeit des Vollzugs einer Strafe der Freiheitsentziehung wird auf diese Zeit nicht angerechnet.

Urteilsveröffentlichung

§ 54

Das Gericht erkennt auf Veröffentlichung des Urteils, wenn ein allgemeines Interesse es erfordert.

Verfall einer Sache

§ 55

1. Das Gericht kann eine Sache für verfallen erklären,

a) die zur Begehung einer Straftat benutzt wurde,
b) die zur Begehung einer Straftat bestimmt war,
c) die der Täter durch die Straftat oder zur Belohnung dafür erlangt hat, oder
d) die der Täter für eine unter Buchst. c) angeführte Sache erworben hat.

2. Nur eine dem Täter gehörige Sache kann für verfallen erklärt werden.

3. Eigentümer der verfallenen Sache wird der Staat.

Dritter Abschnitt

Besondere Bestimmungen über die Bestrafung Jugendlicher

§ 56

Jugendlichkeit

Bei der Bestrafung von Personen, die zur Zeit der Begehung der Straftat das 15. Lebensjahr erreicht und das 18. Lebensjahr nicht überschritten haben (Jugendliche), berücksichtigt das Gericht die besondere Fürsorge, die die volksdemokratische Republik der Jugend widmet.

§ 57

Strafzweck

Bei einem Jugendlichen besteht der Zweck der Strafe vor allem darin, ihn zu einem ordentlichen arbeitenden Menschen zu erziehen, und zwar unter Berücksichtigung seiner persönlichen Eigenschaften, seiner Erziehung in der Familie und des Milieus, aus dem er stammt.

§ 58

Absehen von der Bestrafung*)

Das Gericht kann bei einem Jugendlichen von der Bestrafung auch absehen,

a) wenn der Jugendliche aus einem entschuldbaren Grunde nicht voll erkennen konnte, daß sein Handeln für die Gesellschaft gefährlich ist,
b) wenn es sich um eine Straftat von geringer Bedeutung handelt, oder
c) wenn das Gericht der Ansicht ist, daß Schutzerziehung, die es gleichzeitig anordnet, den Strafzweck erfüllt.

§ 59

Ausschluß einiger Strafarten

Gegen einen Jugendlichen kann nicht verhängt werden:

a) die Todesstrafe,
b) — aufgehoben —
c) der Verlust der bürgerlichen Ehrenrechte,
d) der Ausschluß aus der Armee,
e) das Verbot einer Tätigkeit,

---

*) Vgl. Anm. zu § 17 a.

f) das Aufenthaltsverbot,
g) die Strafe der Urteilsveröffentlichung.

§ 60

Verhängung der Strafe

1. An die Stelle der im Gesetz vorgeschriebenen Todesstrafe oder Strafe der Freiheitsentziehung auf 25 Jahre tritt bei einem Jugendlichen die Strafe der Freiheitsentziehung von 3 bis 15 Jahren, und wenn es sich um einen Soldaten im Dienst handelt, der die Straftat in einer Zeit erhöhter Gefährdung des Vaterlandes begangen hat, Freiheitsentziehung von 10 bis 25 Jahren. Eine Herabsetzung dieser Strafen ist ausgeschlossen.

2. Die gesetzlichen Strafsätze der Freiheitsentziehung sind bei einem Jugendlichen auf die Hälfte herabzusetzen, wobei aber die obere Grenze des herabgesetzten Strafsatzes niemals 5 Jahre und die untere Grenze niemals ein Jahr überschreiten darf. Diese Bestimmung bezieht sich nicht auf einen Soldaten im Dienst, der die Straftat in einer Zeit erhöhter Gefährdung des Vaterlandes begangen hat.

3. Eine Ersatzstrafe für eine Geldstrafe wird vom Gericht gegen einen Jugendlichen nicht verhängt.

§ 61

Bedingte Verurteilung und bedingte Entlassung

1. Wenn die verhängte Strafe der Freiheitsentziehung 3 Jahre nicht übersteigt, kann das Gericht bei einem Jugendlichen eine bedingte Verurteilung aussprechen. Es setzt die Probezeit auf ein Jahr bis zu drei Jahren fest.

2. Wenn der Jugendliche, der bedingt verurteilt oder bedingt entlassen wurde, zu der Zeit, als er die Ursache zum Vollzug der Strafe oder des Strafrestes gab, das 20. Lebensjahr nicht erreicht hat, kann im Hinblick auf Ausnahmeumstände des Falles die bedingte Verurteilung oder bedingte Entlassung in Gültigkeit belassen werden. Hierbei kann die Probezeit angemessen verlängert werden, jedoch nicht um mehr als 2 Jahre.

§ 62

Vollzug der Strafe der Freiheitsentziehung

1. Die gegen einen Jugendlichen verhängte Strafe der Freiheitsentziehung wird in Anstalten des Innenministeriums vollstreckt; wenn es sich um einen Soldaten im Grundmilitärdienst handelt, kann die Strafe der Freiheitsentziehung, sofern sie zwei Jahre nicht übersteigt, auch in einer militärischen Disziplinareinheit vollstreckt werden.

2. Die Strafe der Freiheitsentziehung wird unter entsprechender Berücksichtigung der charakterlichen Eigenschaften und Fähigkeiten des Jugendlichen vollstreckt. Hierbei ist darauf zu achten, daß der Jugendliche auf einen künftigen Beruf fachlich vorbereitet wird.

§ 63

Gesamt- und Zusatzstrafe

Die besonderen Bestimmungen über die Bestrafung Jugendlicher finden keine Anwendung, wenn das Gericht gegen den Täter eine Gesamt- oder

Zusatzstrafe für Straftaten, die teils vor Erreichung des 18. Lebensjahres, teils nachher begangen wurden, verhängt und das Gesetz für die nach Erreichung des 18. Lebensjahres begangene Straftat eine gleiche oder strengere Strafe festsetzt.

FÜNFTES HAUPTSTÜCK

Erlöschen der Strafbarkeit und Strafe

§ 64

Tätige Reue

1. Die Strafbarkeit des Hochverrats (§ 78), der Untergrabung der Republik (§ 79a), des Terrors (§ 80a), der Schädigung (§ 84), der Sabotage (§ 85), der Spionage (§§ 86 und 87), der Gefährdung eines Staatsgeheimnisses nach den §§ 88 und 89, des Treubruchs (§§ 93 und 94), der Schädigung im Kriege (§§ 99 und 100), der Gefährdung eines Wirtschafts- und Dienstgeheimnisses (§§ 112 bis 114), der unerlaubten Bewaffnung (§§ 120 und 121), der Steuerhinterziehung und Steuergefährdung nach § 149 Abs. 2, der Verletzung von Vorschriften über den Warenumlauf im Verkehr mit dem Ausland gemäß § 152 Abs. 2, der Verbindung (§ 166), der Gefangenenmeuterei nach § 170 Abs. 2, der Gemeingefährdung (§§ 190 bis 192), der Gefährdung des Betriebs gemeinnütziger Einrichtungen (§§ 194 und 195), der Verbreitung ansteckender Krankheiten (§§ 199 bis 202), der Gefährdung der Gesundheit durch nicht einwandfreie Lebensmittel und andere Bedarfsartikel (§§ 203 und 204), der Verbindung zur Fahnenflucht (§ 275) und der Verbindung zur Meuterei (§ 277) erlischt, wenn der Täter

a) den schädlichen Erfolg der Straftat freiwillig verhindert oder gutmacht, oder

b) freiwillig zu einer Zeit, da der schädliche Erfolg der Straftat noch verhindert werden konnte, eine Anzeige über die Straftat erstattet. Die Anzeige muß beim Prokurator oder einem Sicherheitsorgan erstattet werden; wenn der Täter der Militärgerichtsbarkeit unterliegt, kann er statt dessen eine Anzeige bei seinem Vorgesetzten erstatten.

2. Durch die Anzeige der Straftat erlischt aber nicht die Strafbarkeit dessen, der die Straftat veranlaßt oder zu ihr angestiftet hat, um Anlaß zur Strafverfolgung einer anderen Person zu geben.

§ 64 a

Erlöschen der Sozialgefährlichkeit der Tat

Die Strafbarkeit der Tat erlischt, wenn diese schon nicht mehr gefährlich für die Gesellschaft ist.

§ 65

Verjährung der Strafverfolgung

1. Die Strafbarkeit der Tat erlischt durch Ablauf der Verjährungszeit. Diese beträgt

a) 20 Jahre, wenn die Straftat nach dem Gesetz mit Todesstrafe oder Freiheitsentziehung auf 25 Jahre bedroht ist,

b) 10 Jahre, wenn die obere Grenze des Strafsatzes der Freiheitsentziehung wenigstens 10 Jahre beträgt,

c) 5 Jahre, wenn die obere Grenze des Strafsatzes der Freiheitsentziehung wenigstens 3 Jahre beträgt,

d) 3 Jahre bei den übrigen Straftaten.

2. In die Verjährungszeit wird die Zeit nicht eingerechnet, während welcher der Täter wegen eines gesetzlichen Hindernisses oder weil er vorsätzlich die Strafverfolgung vereitelt, nicht vor Gericht gestellt werden kann.

3. Die Verjährung der Strafverfolgung wird unterbrochen,

a) wenn der Prokurator oder das Gericht Maßnahmen trifft, die auf die Verfolgung des Täters wegen der Straftat, um deren Verjährung es sich handelt, gerichtet sind, oder

b) wenn der Täter innerhalb der Verjährungszeit eine neue Straftat begeht, für die das Gesetz die gleiche oder eine strengere Strafe bestimmt.

4. Mit der Unterbrechung der Verjährung beginnt eine neue Verjährungszeit.

§ 66

Verjährung der Strafvollstreckung

1. Eine verhängte Strafe kann nach Ablauf der Verjährungsfrist nicht mehr vollstreckt werden. Diese beträgt

a) 20 Jahre, wenn es sich um eine Verurteilung zum Tode handelt,

b) 15 Jahre, wenn es sich um eine Verurteilung zu einer 10 Jahre übersteigenden Freiheitsentziehung handelt,

c) 10 Jahre, wenn es sich um eine Verurteilung zu einer mindestens fünfjährigen Freiheitsentziehung handelt,

d) 5 Jahre bei Verurteilung zu einer anderen Strafe.

2. Die Verjährungszeit beginnt mit der Rechtskraft des Urteils, und bei bedingter Verurteilung mit der Rechtskraft der Entscheidung, daß die Strafe vollzogen wird. In die Verjährungszeit wird die Zeit, während der die Strafe deshalb nicht vollstreckt werden kann, weil der Verurteilte sich im Ausland aufhält, nicht eingerechnet.

3. Die Verjährung der Strafvollstreckung wird unterbrochen,

a) wenn der Prokurator oder das Gericht Maßnahmen trifft, die auf die Vollstreckung der Strafe, um deren Verjährung es sich handelt, gerichtet sind, oder

b) wenn der Verurteilte innerhalb der Verjährungszeit eine neue Straftat begeht, für die das Gesetz die gleiche oder eine strengere Strafe als für die Straftat, wegen der der Täter verurteilt wurde, bestimmt.

4. Mit der Unterbrechung der Verjährung beginnt eine neue Verjährungszeit.

Tilgung der Verurteilung*)

§ 67

1. Das Gericht tilgt die Verurteilung, wenn der Verurteilte nach Vollstreckung oder Erlaß der Strafe oder nach Verjährung der Vollstreckung ein ordentliches Leben als arbeitender Mensch ununterbrochen während einer Zeit von wenigstens

a) 10 Jahren, wenn es sich um die Verurteilung zu einer 5 Jahre übersteigenden Strafe der Freiheitsentziehung handelt,

---

*) Vgl. § 384 f. StPO.

b) 5 Jahren, wenn es sich um die Verurteilung zu einer ein Jahr übersteigenden Freiheitsentziehung handelt,

c) 3 Jahren, wenn es sich um die Verurteilung zu einer ein Jahr nicht übersteigenden Freiheitsentziehung handelt,

geführt hat.

2. Wenn die Straftat in einem Alter bis zu 20 Jahren begangen wurde, werden die in Absatz 1 angeführten Fristen auf die Hälfte herabgesetzt.

§ 68

1. Wenn die Verurteilung getilgt wurde, wird der Täter angesehen, als ob er nicht verurteilt worden wäre und der Rest der nicht verbüßten Strafe des Tätigkeitsverbots und des Aufenthaltsverbots nicht vollstreckt.

2. Wenn binnen einem Jahr, nachdem das Gericht die Verurteilung rechtskräftig getilgt hat, sich herausstellt, daß die Verurteilung nicht hätte getilgt werden sollen, hebt das Gericht seine Entscheidung auf, wenn nicht inzwischen die Bedingungen der Tilgung erfüllt sind.

SECHSTES HAUPTSTÜCK

Schutzmaßnahmen

§ 69

Zweck der Schutzmaßnahmen

1. Als Schutzmaßnahmen können Schutzheilung, Schutzerziehung und Beschlagnahme verhängt werden, jedoch nur unter den in den §§ 70, 71 und 74 angeführten Bedingungen; Zweck der Schutzmaßnahmen ist:

a) die Gesellschaft vor Straftaten zu schützen, zu denen es in Zukunft kommen könnte,

b) den Personen, die infolge Krankheit oder vernachlässigter Erziehung eine Straftat begehen könnten, durch Heilung und Erziehung die Möglichkeit zu geben, nützliche Glieder der Gesellschaft zu werden.

2. Wenn der Zweck der Schutzmaßnahmen nicht schon durch Verhängung und Vollstreckung der Strafe erfüllt ist, können Schutzmaßnahmen auch neben der Strafe verhängt werden.

§ 70

Schutzheilung

1. Wenn der Täter einer Straftat wegen Unzurechnungsfähigkeit strafrechtlich nicht verantwortlich und sein Belassen in Freiheit gefährlich ist, ordnet das Gericht seine Einlieferung in eine Heilanstalt an; das Gericht kann diese Anordnung auch treffen, wenn der Täter die Straftat im Zustande verminderter Zurechnungsfähigkeit begangen hat und sein Verbleiben in Freiheit gefährlich ist oder wenn der Täter, der sich übermäßigem Genuß alkoholischer Getränke oder betäubender Mittel hingibt, die Straftat in Trunkenheit oder einer anderen ähnlichen Berauschung oder wenn er die Straftat der Trunkenheit begangen hat.

2. Die Schutzheilung dauert so lange, als ihr Zweck es erfordert. Über die Entlassung aus der Schutzheilung entscheidet das Gericht.

3. Von Schutzheilung kann das Gericht absehen, wenn vor ihrem Beginn die Umstände, wegen derer sie angeordnet wurde, wegfallen.

§ 71

Schutzerziehung

1. Findet das Gericht in einem Strafverfahren gegen einen Jugendlichen, daß für dessen Erziehung nicht gehörig gesorgt ist oder daß seine bisherige Erziehung vernachlässigt wurde oder daß die Umgebung, in der er lebt, es erfordert, ordnet es die Schutzerziehung des Jugendlichen an.

2. Wenn eine Person, die das 12. Lebensjahr erreicht hat und jünger als 15 Jahre ist, eine sonst strafbare Handlung begeht, die vom Gesetz mit Todesstrafe oder Freiheitsentziehung von 25 Jahren bedroht ist, ordnet das Vormundschafts-(Pflegschafts-)gericht die Schutzerziehung dieser Person an; das Vormundschafts-(Pflegschafts-)gericht kann diese Anordnung auch treffen, wenn sie zur Sicherstellung einer ordentlichen Erziehung einer unter 15 Jahre alten Person, die eine sonst strafbare Handlung begangen hat, notwendig ist.

3. Die Schutzerziehung kann nicht angeordnet werden, wenn es sich um eine in § 269 Abs. 2 angeführte Person handelt.

§ 72

Die Schutzerziehung wird in Erziehungseinrichtungen durchgeführt*); wenn es aber der Gesundheitszustand des Pfleglings erfordert, wird sie in einer Heilanstalt durchgeführt.

§ 73

1. Die Schutzerziehung dauert so lange, als ihr Zweck es erfordert, jedoch längstens bis zur Erreichung des 18. Lebensjahrs; wenn das Interesse des Pfleglings es erfordert, kann sie bis zur Erreichung des 19. Lebensjahrs verlängert werden.

2. Von Schutzerziehung kann das Gericht absehen, wenn vor ihrem Beginn die Umstände, wegen derer sie angeordnet wurde, wegfallen.

§ 74

Beschlagnahme

1. Wenn eine in § 55 Abs. 1 angeführte Sache nicht für verfallen erklärt wurde, kann das Gericht die Beschlagnahme der Sache aussprechen,

a) wenn sie einem Täter gehört, der nicht verfolgt oder verurteilt werden kann,

b) wenn sie einem Täter gehört, von dessen Bestrafung das Gericht abgesehen hat,

c) wenn sie einer Person gehört, die fahrlässig zur Begehung der Tat beigetragen hat, oder

---

*) Vgl. Gesetzl. Vfg. d. Präsidiums der Nationalversammlung v. 22. 11. 1955, Nr. 58 Sb., über Kinderzulagen und Schutzerziehung, genehmigt d. Beschluß d. Nat.-Vers. v. 9. 2. 1956, Nr. 4 Sb.; §§ 376 ff. StPO.

d) wenn die Sicherheit von Menschen oder Eigentum oder ein anderes allgemeines Interesse es erfordert.

2. Eigentümer der beschlagnahmten Sache wird der Staat.

SIEBENTES HAUPTSTÜCK

Gemeinsame Bestimmungen

Auslegung einiger Begriffe

§ 75

1. Unter Straftaten versteht man nur gerichtlich strafbare Taten, und soweit aus einzelnen Bestimmungen nichts anderes hervorgeht, auch den Versuch, die Anstiftung und die Beihilfe.

2. Unter Handlung versteht man auch die Unterlassung einer solchen Tätigkeit, zu der der Täter nach den Umständen und nach seinen Verhältnissen verpflichtet war.

3. Unter dem im Gesetz angeführten Erfolg versteht man die Summe der im Besonderen Teil aufgeführten Merkmale einer Straftat, mit Ausnahme des Verschuldens.

4. Unter einem besonders erschwerenden Umstand versteht man einen solchen Umstand, der in der Regel nicht mit der Straftat verbunden ist und der wegen seiner Wichtigkeit die Gefährlichkeit der Tat oder des Täters für die Gesellschaft erhöht.

5. Unter Zeit erhöhter Gefährdung des Vaterlandes versteht man eine Zeit, in der die Republik in den Zustand der Wehrbereitschaft eingetreten ist oder in der es zu Ereignissen kam, die in erhöhtem Maße die Selbständigkeit, die verfassungsmäßige Einheit, die gebietliche Integrität, die volksdemokratische Staatsform oder Gesellschaftsordnung der Republik oder die öffentliche Ruhe und Ordnung gefährden.

6. Unter Staatsgeheimnis versteht man alles, was in wichtigem Interesse der Republik, insbesondere in politischem, militärischem oder wirtschaftlichem Interesse, vor unberufenen Personen geheim bleiben soll.

7. Unter Wirtschaftsgeheimnis versteht man alles, was für ein Wirtschaftsunternehmen bezeichnend und bedeutsam ist und in allgemeinem Interesse vor unberufenen Personen geheim bleiben soll.

8. Unter Dienstgeheimnis versteht man eine wichtige Tatsache, die mit der Tätigkeit eines Nationalausschusses, seines ausführenden Organs, eines Gerichts oder eines anderen Amts, eines öffentlichen Organs oder Unternehmens oder einer Genossenschaft zusammenhängt, und in allgemeinem Interesse vor unberufenen Personen geheim bleiben soll.

9. Unter Wahlrecht versteht man das Recht, in die gesetzgebenden Körperschaften oder in die Nationalausschüsse zu wählen oder gewählt zu werden.

10. Öffentlicher Funktionär ist, wer dazu berufen ist, öffentliche Angelegenheiten zu besorgen; unter diesen Bedingungen ist öffentlicher Funktionär insbesondere

a) ein Mitglied eines Nationalausschusses, ein anderer nach dem Gesetz gewählter Volksvertreter, ein Volksrichter, ein Funktionär einer Genossenschaft,

b) ein Staatsangestellter,

c) ein leitender oder entscheidender Angestellter eines nationalen Unternehmens, eines Unternehmens örtlicher Industrie, der Kommunalwirtschaft oder eines anderen öffentlichen Unternehmens oder einer Genossenschaft,

d) ein Angehöriger der Wehrmacht oder einer anderen bewaffneten Formation, oder

e) ein Organ, das berufen ist, die Sicherheit von Menschen und Eigentum zu schützen oder zu gewährleisten, oder Entscheidungen eines öffentlichen Funktionärs persönlich durchzuführen.

11. Als öffentlich wird eine Urkunde angesehen, die von einem Nationalausschuß, seinem ausführenden Organ, von einem Gericht oder einem andern Amt oder von einem öffentlichen Organ ausgestellt wurde und irgendein Recht oder eine Pflicht begründet oder einen bestimmten Zustand feststellt.

12. Unter Steuer versteht man jede öffentliche Abgabe samt Zuschlägen, wie immer sie auferlegt oder erhoben wird.

13. Unter einem schweren Nachteil an der Gesundheit versteht man

a) eine Verstümmelung,

b) den Verlust oder eine wesentliche Verminderung der Arbeitsfähigkeit,

c) die Lähmung eines Gliedes,

d) den Verlust oder eine wesentliche Schwächung einer Funktion des Sinnenorganismus,

e) die Beschädigung eines wichtigen Organs,

f) eine Entstellung,

g) die Erkrankung an einer Geschlechtskrankheit,

h) die Unterbrechung der Schwangerschaft ohne Zustimmung der Schwangeren,

ch) peinigende Qualen, oder

i) eine länger dauernde Gesundheitsstörung.

14. Unter nahestehenden Personen versteht man Verwandte in gerader Linie, Annehmende und Angenommene, Geschwister und Ehegatten; andere Personen in einem Familienverhältnis oder analogen Verhältnis werden nur dann als nahestehende Personen angesehen, wenn ein Nachteil, den eine dieser Personen erleidet, von der anderen mit Recht als ein eigener schwerer Nachteil empfunden werden würde.

§ 76

1. Eine Straftat wird mit der Waffe begangen, wenn der Täter oder mit seinem Wissen einer der Mittäter zur Überwindung oder Verhinderung eines Widerstands sich einer Waffe bedient oder sie zu diesem Zwecke bei sich führt; unter Waffe versteht man, soweit aus einer Einzelvorschrift nichts anderes hervorgeht, alles, womit ein Angriff gegen einen Körper wirksamer gemacht werden kann.

2. Eine Straftat ist mit Gewalt auch dann begangen, wenn sie gegen eine Person begangen wird, die der Täter durch List in den Zustand der Wehrlosigkeit versetzt hat.

3. Eine Straftat ist öffentlich begangen, wenn sie

a) durch den Inhalt einer Druckschrift, einer vervielfältigten Schrift, durch Film, Rundfunk oder auf eine andere ähnlich wirksame Art, oder

b) wenigstens vor zwei Personen

begangen wurde.

4. Eine Straftat wird erwerbsmäßig begangen, wenn der Täter danach trachtet, durch die systematische Begehung solcher Straftaten sich wenigstens auf Zeit eine Einnahmequelle zu verschaffen.

§ 77

Berechnung der Zeit und Strafe

1. Wo das Gesetz mit dem Ablauf einer bestimmten Zeit irgendeinen Erfolg verbindet, wird der Tag, an dem das Ereignis eintrat, das ihren Beginn bestimmte, nicht eingerechnet.

2. Wo die Anwendung einer gesetzlichen Bestimmung von der Länge der Strafe der Freiheitsentziehung abhängig ist, wird eine Ersatzstrafe nicht als Geldstrafe berücksichtigt.

BESONDERER TEIL

ERSTES HAUPTSTÜCK

Straftaten gegen die Republik

Erster Abschnitt

Straftaten gegen die Grundlagen der Republik

§ 78

Hochverrat

1. Wer es durch eine besonders gefährliche Handlung versucht, die Selbständigkeit der Republik zu vernichten, ihre volksdemokratische Staatsform oder ihre Gesellschaftsordnung zu vernichten oder umzustürzen, die beim Aufbau des Sozialismus erreichten Errungenschaften des arbeitenden Volkes zu vernichten, die gebietliche Integrität der Republik zu vernichten oder umzustürzen oder ihre Verteidigungsfähigkeit zu untergraben, wird mit Freiheitsentziehung von 10 bis 25 Jahren bestraft.

2. Wer

a) zu einer in Absatz 1 angeführten Tat sich mit einem anderen verbindet oder

b) wegen einer solchen Tat mit einer ausländischen Macht oder einem ausländischen Funktionär in Verbindung tritt,

wird mit Freiheitsentziehung von 5 bis 20 Jahren bestraft.

3. Mit Freiheitsentziehung von 25 Jahren oder mit dem Tode wird der Täter bestraft,

a) wenn er eine in Absatz 1 oder 2 angeführte Straftat in einer Zeit erhöhter Gefährdung des Vaterlandes begeht,

b) wenn durch eine solche Tat in bedeutendem Maße die Selbständigkeit der Republik, ihre volksdemokratische Staatsform, ihre Gesellschaftsordnung, die beim Aufbau des Sozialismus erreichten Errungenschaften des arbeitenden Volkes, die gebietliche Integrität oder die Verteidigungsfähigkeit der Republik gefährdet werden,

c) wenn die Wehrmacht oder eine bewaffnete oder militärisch organisierte Formation zu einer solchen Tat mißbraucht wird, oder wenn Kräfte der Wehrmacht, bewaffnete oder Hilfskräfte gesammelt oder organisiert werden, oder Waffen, Munition, Explosivstoffe oder andere gefährliche Stoffe angesammelt werden,
d) wenn bei einer solchen Tat der Wehrmacht oder einer bewaffneten Formation gewaltsamer Widerstand geleistet wird, oder
e) wenn ein anderer besonders erschwerender Umstand vorliegt.

§ 79

(aufgehoben)

§ 79 a

Untergrabung der Republik

1. Wer aus Feindschaft gegenüber der volksdemokratischen Ordnung eine untergrabende Tätigkeit gegen die Selbständigkeit der Republik, gegen ihre volksdemokratische Staatsform oder ihre Gesellschaftsordnung, gegen die beim Aufbau des Sozialismus erreichten Errungenschaften des arbeitenden Volkes, gegen die gebietliche Integrität oder die Verteidigungsfähigkeit der Republik vornimmt, wird mit Freiheitsentziehung von einem bis zu 5 Jahren bestraft.

2. Ebenso wird bestraft, wer
a) zu einer in Absatz 1 angeführten Tat eine Organisation gründet, oder
b) zu einer solchen Tat sich mit einer ausländischen Macht oder einem ausländischen Funktionär verbindet oder wegen einer solchen Tat mit ihnen in Verbindung tritt.

3. Mit Freiheitsentziehung von 3 bis 10 Jahren wird der Täter bestraft,
a) wenn er eine in Absatz 1 oder 2 angeführte Tat in einer Zeit erhöhter Gefährdung des Vaterlandes begeht, oder
b) wenn ein anderer besonders erschwerender Umstand vorliegt.

4. Wer sich zu einer in den Absätzen 1 bis 3 genannten Tat mit einem anderen verbindet, wird mit Freiheitsentziehung von 3 Monaten bis zu 3 Jahren bestraft.

§ 80

(aufgehoben)

§ 80 a

Terror

1. Wer mit dem Vorsatz, jemanden von der aktiven Teilnahme am Aufbau der volksdemokratischen Republik abzuschrecken oder ihm eine solche Tätigkeit unmöglich zu machen, einen anderen an der Gesundheit beschädigt oder ihm einen fühlbaren Schaden an seinem Eigentum oder einen anderen schweren Nachteil zufügt oder dies versucht, wird mit Freiheitsentziehung von 3 bis 10 Jahren bestraft.

2. Mit Freiheitsentziehung von 5 bis 20 Jahren wird der Täter bestraft,
a) wenn er eine in Absatz 1 angeführte Straftat als Mitglied einer Vereinigung begeht,

b) wenn durch eine solche Tat ein umfangreicher Schaden am Eigentum bewirkt wird,
c) wenn er eine solche Tat mit dem Vorsatze, einen schweren Nachteil an der Gesundheit zu bewirken, begeht,
d) wenn eine solche Tat einen schweren Nachteil an der Gesundheit zur Folge hat, oder
e) wenn ein anderer besonders erschwerender Umstand vorliegt.

3. Mit Freiheitsentziehung von 15 Jahren oder mit dem Tode wird der Täter bestraft,
a) wenn er eine in Absatz 1 angeführte Tat mit dem Vorsatze begeht, den Tod zu bewirken, oder
b) wenn durch eine solche Tat das Leben mehrerer Menschen gefährdet wird oder wenn eine solche Tat den Tod zur Folge hat.

4. Wer sich zu einer in Absatz 1 oder 2 angeführten Tat mit einem anderen verbindet, wird mit Freiheitsentziehung von einem Jahr bis zu 5 Jahren bestraft; wer sich zu einer in Absatz 3 angeführten Tat mit einem anderen verbindet, wird mit Freiheitsentziehung von 3 bis 10 Jahren bestraft.

5. Wer einem anderen in der Absicht, ihn von der aktiven Teilnahme am Aufbau der volksdemokratischen Republik abzuschrecken oder ihm eine solche Tätigkeit unmöglich zu machen, droht, daß er ihn oder eine ihm nahestehende Person töten oder an der Gesundheit beschädigen werde, ihm einen fühlbaren Vermögensschaden oder einen anderen schweren Nachteil zufügen werde, wird mit Freiheitsentziehung von 6 Monaten bis zu 5 Jahren bestraft.

§ 81
Aufreizung gegen die Republik

1. Wer aus Feindschaft gegenüber der volksdemokratischen Ordnung
a) öffentlich oder wenigstens zwei Personen gegen die Republik, gegen ihre Selbständigkeit, gegen ihre volksdemokratische Staatsform oder ihre Gesellschaftsordnung, gegen die beim Aufbau des Sozialismus erreichten Errungenschaften, gegen die gebietliche Integrität oder gegen die Verteidigungsfähigkeit der Republik aufreizt, oder
b) vorsätzlich die Verbreitung einer solchen aufreizenden Äußerung ermöglicht oder erleichtert,
wird mit Freiheitsentziehung von 3 Monaten bis zu 3 Jahren bestraft.

2. Mit Freiheitsentziehung von einem Jahr bis zu 3 Jahren wird der Täter bestraft, wenn er eine in Absatz 1 angeführte Tat in einer Zeit erhöhter Gefährdung des Vaterlandes begeht.

§ 82
(aufgehoben)

§ 83
Unterstützung und Propagierung des Faschismus und ähnlicher Bewegungen

1. Wer den Faschismus, Nazismus oder eine ähnliche Bewegung unterstützt oder propagiert, die auf Unterdrückung der Rechte und Freiheiten des arbeitenden Volkes hinzielt oder hierzu führt, oder nationalen, reli-

giösen oder Rassenhaß verkündet, wird mit Freiheitsentziehung von einem Jahr bis zu 5 Jahren bestraft.

2. Mit Freiheitsentziehung von 5 bis zu 10 Jahren wird der Täter bestraft, wenn er die im Absatz 1 angeführte Tat durch Druck, Film, Rundfunk oder auf eine andere ähnlich wirksame Weise begeht.

3. Mit Freiheitsentziehung von 10 bis 25 Jahren wird der Täter bestraft, wenn er die in Absatz 1 angeführte Tat in einer Zeit erhöhter Gefährdung des Vaterlandes begeht.

§ 84

Schädigung[1])

1. Wer aus Feindschaft gegenüber der volksdemokratischen Ordnung Vermögen, das in sozialistischem Eigentum steht, vernichtet, beschädigt oder unbrauchbar macht mit dem Vorsatze,

a) den Betrieb oder die Entwicklung eines Nationalunternehmens[2]), einer Genossenschaft[3]) oder einer anderen Organisation des sozialistischen Sektors, oder

b) den Betrieb einer wichtigen gemeinnützigen Einrichtung zu vereiteln oder zu erschweren,

wird mit Freiheitsentziehung von 5 bis 20 Jahren bestraft.

2. Mit Freiheitsentziehung von 25 Jahren oder mit dem Tode wird der Täter bestraft,

a) wenn durch die in Absatz 1 angeführte Tat die Durchführung oder Erfüllung eines staatlichen Plans zur Entwicklung der Volkswirtschaft auf einem besonders wichtigen Sektor vereitelt oder in erheblichem Maße erschwert wird,

b) wenn durch eine solche Tat wichtige Interessen der Verteidigung des Vaterlandes in erheblichem Maße gefährdet werden,

c) wenn durch eine solche Tat das Leben vieler Menschen gefährdet wird oder eine solche Tat den Tod zur Folge hat, oder

d) wenn ein anderer besonders erschwerender Umstand vorliegt.

3. Wer sich zu einer in Absatz 1 oder 2 angeführten Tat mit einem anderen verbindet, wird mit Freiheitsentziehung von 3 bis 10 Jahren bestraft.

§ 85

Sabotage

1. Wer aus Feindschaft gegenüber der volksdemokratischen Ordnung die Pflichten seines Berufs, seiner Beschäftigung oder seines Dienstes nicht

---

[1]) Vgl. Einleitung S. 20.

[2]) Die Nationalunternehmen sind Eigentum des Staates. Vgl. §§ 101 ff. BGB Nr. 141/50 Sb. Sie sind selbständige Träger von Rechten und Pflichten. Der Staat haftet für ihre Verbindlichkeiten. Ihr Reingewinn fließt dem Fonds der nationalen Wirtschaft zu (Gesetz Nr. 104/50 über die Finanzierung der nationalen und kommunalen Betriebe). Vgl. Gesetz vom 24. 10. 1955, Nr. 51 Sb., über Nationalunternehmen und einige andere wirtschaftliche Organisationen.

[3]) Bei den Genossenschaften handelt es sich um „Vereinigungen von Werktätigen zu einer gemeinsamen Tätigkeit, deren Zweck die Hebung des Lebensstandards ihrer Mitglieder und der übrigen Werktätigen, nicht aber die Erzielung eines möglichst hohen Gewinns aus eingebrachtem Kapital ist“ (§ 157 Abs. 1 Verfassung). Die Genossenschaften haben „volkseigene Betriebe“. — Vgl. Gesetz Nr. 53/1954 über die Genossenschaften und genossenschaftlichen Organisationen; abgeändert und ergänzt durch Verfügung des Präsidiums der Nationalversammlung vom 1. 6. 1956, Nr. 20 Sb., genehmigt durch Beschluß der Nationalversammlung vom 1. 8. 1956 Nr. 37 Sb.

erfüllt oder verletzt oder die Erfüllung einer solchen Pflicht umgeht oder eine andere Handlung begeht mit dem Vorsatze,

a) die Durchführung oder Erfüllung eines staatlichen Plans zur Entwicklung der Volkswirtschaft auf irgendeinem Sektor zu vereiteln oder zu erschweren, oder

b) eine ernste Störung in der Tätigkeit eines Amtes oder eines anderen öffentlichen Organs, eines Nationalunternehmens, einer Genossenschaft oder einer anderen Organisation des sozialistischen Sektors zu verursachen,

wird mit Freiheitsentziehung von 3 bis 10 Jahren bestraft.

2. Mit Freiheitsentziehung von 10 bis 20 Jahren wird der Täter bestraft,

a) wenn durch eine in Absatz 1 angeführte Tat in erheblichem Maße die Durchführung oder Erfüllung eines staatlichen Plans zur Entwicklung der Volkswirtschaft auf einem besonders wichtigen Sektor erschwert wird,

b) wenn in der Tätigkeit eines Amts oder eines anderen öffentlichen Organs, eines Nationalunternehmens, einer Genossenschaft oder einer anderen Organisation des sozialistischen Sektors eine ernste Störung tatsächlich verursacht wurde, oder

c) wenn ein anderer besonders erschwerender Umstand vorliegt.

3. Mit Freiheitsentziehung von 25 Jahren oder mit dem Tode wird der Täter bestraft,

a) wenn durch eine in Absatz 1 angeführte Tat wichtige Interessen der Verteidigung des Vaterlandes in erheblichem Maße gefährdet werden,

b) wenn durch eine solche Tat die Durchführung oder Erfüllung eines staatlichen Plans zur Entwicklung der Volkswirtschaft auf einem besonders wichtigen Sektor vereitelt wird, oder

c) wenn durch eine solche Tat das Leben vieler Menschen gefährdet wird oder eine solche Tat den Tod zur Folge hat.

Zweiter Abschnitt

Straftaten gegen die Sicherheit der Republik

Spionage

§ 86

1. Wer ein Staatsgeheimnis ausspäht mit dem Vorsatz, es einer ausländischen Macht zu verraten, oder

wer ein Staatsgeheimnis vorsätzlich einer ausländischen Macht verrät, wird mit Freiheitsentziehung von 10 bis 25 Jahren bestraft.

2. Mit Freiheitsentziehung von 25 Jahren oder mit dem Tode wird der Täter bestraft,

a) wenn er eine in Absatz 1 angeführte Tat in einer Zeit erhöhter Gefährdung des Vaterlandes begeht,

b) wenn er eine solche Tat als Mitglied einer Organisation begeht, deren Zweck darin besteht, Staatsgeheimnisse auszuspähen,

c) wenn eine solche Tat ein besonders wichtiges Staatsgeheimnis betrifft,

d) wenn er eine solche Tat auf eine besonders gefährliche Art, in bedeutendem Umfang oder erwerbsmäßig oder durch längere Zeit hindurch begeht,

e) wenn er ein Staatsgeheimnis verrät, dessen Geheimhaltung ihm ausdrücklich auferlegt war oder zu dessen Geheimhaltung er schon nach seiner Stellung verpflichtet war, oder

f) ein anderer besonders erschwerender Umstand vorliegt.

3. Wer

a) zu einer in Absatz 1 oder 2 angeführten Tat sich mit jemandem verbindet,

b) wegen einer solchen Tat in Verbindung mit einer ausländischen Macht oder mit einem ausländischen Funktionär tritt, oder

c) in Verbindung mit einer Organisation tritt, deren Zweck darin besteht, Staatsgeheimnisse auszuspähen, und den Vorsatz hat, ihre Bestrebungen zu unterstützen,

wird mit Freiheitsentziehung von 5 bis 15 Jahren bestraft.

§ 87

Wer die Republik dadurch schädigt, daß er gegen einen Verbündeten Spionage betreibt, wird mit den im § 86 festgesetzten Strafen bestraft.

Gefährdung eines Staatsgeheimnisses

§ 88

1. Wer ein Staatsgeheimnis mit dem Vorsatz, es einer unberufenen Person zu verraten, ausspäht, oder

wer ein Staatsgeheimnis vorsätzlich einer solchen Person verrät, wird mit Freiheitsentziehung von einem Jahr bis zu 5 Jahren bestraft.

2. Mit Freiheitsentziehung von 3 bis 10 Jahren wird der Täter bestraft,

a) wenn er eine im Absatz 1 angeführte Tat in einer Zeit erhöhter Gefährdung des Vaterlandes begeht,

b) wenn eine solche Tat ein besonders wichtiges Staatsgeheimnis betrifft,

c) wenn er ein Staatsgeheimnis verrät, dessen Geheimhaltung ihm ausdrücklich auferlegt war oder zu dessen Geheimhaltung er schon nach seiner Stellung verpflichtet war, oder

d) wenn ein anderer besonders erschwerender Umstand vorliegt.

§ 89

Wer fahrlässig bewirkt, daß ein Staatsgeheimnis einer ausländischen Macht bekannt werden kann oder daß es einer unberufenen Person bekannt wird, wird mit Freiheitsentziehung von 3 Monaten bis zu 3 Jahren bestraft.

§ 90

1. Wer es vorsätzlich unterläßt, unverzüglich anzuzeigen, daß er selbst oder ein anderer eine Urkunde oder einen anderen Gegenstand eines Staatsgeheimnisses verloren oder sonstwie eingebüßt hat, wird mit Freiheitsentziehung von 3 Monaten bis zu 3 Jahren bestraft.

2. Die Anzeige nach Absatz 1 muß dem Prokurator oder einem Sicherheitsorgan gegenüber gemacht werden; eine der Militärgerichtsbarkeit unterstehende Person kann die Anzeige statt dessen auch einem Vorgesetzten erstatten.

§ 91
(aufgehoben)

§ 92

1. Wer ohne Erlaubnis
a) eine Beschreibung, einen Plan, eine Skizze oder Aufnahme einer Einrichtung zur Verteidigung des Vaterlandes anfertigt,
b) eine solche Sache abschreibt, abzeichnet oder photographiert, oder abschreiben, abzeichnen oder photographieren läßt, oder zuläßt, daß ein anderer dies tue,
c) eine solche Sache sich selbst oder einem anderen beschafft oder
d) eine solche Sache veröffentlicht,
wird mit Freiheitsentziehung bis zu einem Jahr bestraft.

2. Ebenso wird bestraft, wer mit Täuschung oder List in das Gebiet eines für die Verteidigung des Vaterlandes wichtigen Objekts oder in eine andere solche Örtlichkeit eindringt.

Treubruch

§ 93

1. Wer vorsätzlich ein wichtiges Interesse der Republik dadurch gefährdet, daß er
a) Pflichten, die er als Bevollmächtigter der Republik hat, verletzt, oder
b) eine Urkunde oder einen anderen Beleg über die Rechtsverhältnisse der Republik zu einer ausländischen Macht fälscht, abändert oder unterdrückt,
wird mit Freiheitsentziehung von 5 bis 10 Jahren bestraft.

2. Mit Freiheitsentziehung von 10 bis 25 Jahren wird der Täter bestraft,
a) wenn er eine im Absatz 1 angeführte Tat in einer Zeit erhöhter Gefährdung des Vaterlandes begeht,
b) wenn eine solche Tat einen bedeutenden Schaden zur Folge hat, oder
c) wenn ein anderer erschwerender Umstand vorliegt.

§ 94

Wer fahrlässig ein wichtiges Interesse der Republik dadurch gefährdet, daß er
a) Pflichten, die er als Bevollmächtigter der Republik hat, oder
b) eine Urkunde oder einen anderen Beleg über die Rechtsverhältnisse der Republik zu einer ausländischen Macht fälscht, abändert oder unterdrückt,
wird mit Freiheitsentziehung von 3 Monaten bis zu 3 Jahren bestraft.

§ 95

Verlassen der Republik

1. Wer ohne Erlaubnis das Gebiet der Tschechoslowakischen Republik verläßt, wird mit Freiheitsentziehung von einem Jahr bis zu 5 Jahren bestraft.

2. Ebenso wird ein tschechoslowakischer Bürger bestraft, der einer behördlichen Aufforderung, innerhalb einer bestimmten Frist in das Gebiet der Tschechoslowakischen Republik zurückzukehren, nicht Folge leistet.

§ 95 a

Eindringen in das Gebiet der Republik

Wer in das Gebiet der Tschechoslowakischen Republik eindringt, obwohl er nicht tschechoslowakischer Bürger ist, wird mit Freiheitsentziehung von 3 Monaten bis zu 3 Jahren bestraft.

§ 96

Gefährdung der Interessen der Republik im Ausland

Ein tschechoslowakischer Bürger, der vorsätzlich die Interessen der Republik dadurch gefährdet, daß er im Ausland eine unwahre Nachricht über die Verhältnisse in der Republik verbreitet, wird mit Freiheitsentziehung bis zu 3 Jahren bestraft.

§§ 97 und 98

(aufgehoben)

Dritter Abschnitt

Straftaten gegen die Verteidigung des Vaterlandes

Schädigung im Kriege

§ 99

1. Wer in einer Zeit erhöhter Gefährdung des Vaterlandes vorsätzlich
a) die Verteidigung des Vaterlandes oder eines Verbündeten schädigt, oder
b) dem Feinde einen Vorteil verschafft oder ihn sonstwie unterstützt,
wird mit Freiheitsentziehung von 10 bis 25 Jahren bestraft.

2. Ebenso wird bestraft, wer
a) zu einer in Absatz 1 angeführten Tat sich mit jemandem verbindet, oder
b) wegen einer solchen Tat mit dem Feinde in Verbindung tritt.

3. Mit Freiheitsentziehung auf 25 Jahre oder mit dem Tode wird der Täter bestraft,
a) wenn er eine in Absatz 1 oder 2 angeführte Tat als eine in § 269 Abs. 2 angeführte Person begeht,
b) wenn er eine solche Tat erwerbsmäßig begeht, oder
c) wenn ein anderer besonders erschwerender Umstand vorliegt.

§ 100

Wer in einer Zeit erhöhter Gefährdung des Vaterlandes fahrlässig
a) die Verteidigung des Vaterlandes oder eines Verbündeten schädigt, oder
b) dem Feinde einen Vorteil verschafft oder ihn sonstwie unterstützt,
wird mit Freiheitsentziehung von 3 Monaten bis zu 3 Jahren bestraft.

§ 101

Kriegsverrat

1. Ein tschechoslowakischer Bürger, der in einer Zeit erhöhter Gefährdung des Vaterlandes in einer feindlichen Armee oder bewaffneten Formation Dienste leistet, wird mit Freiheitsentziehung von 10 bis 25 Jahren bestraft.

2. Mit Freiheitsentziehung von 25 Jahren oder mit dem Tode wird der Täter bestraft,

a) wenn die im Absatz 1 angeführte Tat einen bedeutenden Schaden zur Folge hat, oder

b) wenn ein anderer besonders erschwerender Umstand vorliegt.

3. Mit Freiheitsentziehung von 25 Jahren oder mit dem Tode wird der Täter bestraft, wenn er eine in Absatz 1 angeführte Tat als eine in § 269 Abs. 2 angeführte Person begeht.

§ 102

Dienst in einer ausländischen Armee

1. Ein tschechoslowakischer Bürger, der unerlaubt in der Armee einer ausländischen Macht oder in einer ausländischen bewaffneten Formation Dienste leistet, wird mit Freiheitsentziehung von einem Jahr bis zu 5 Jahren bestraft.

2. Mit Freiheitsentziehung von 5 bis 15 Jahren wird der Täter bestraft,

a) wenn er die im Absatz 1 angeführte Tat mit dem Vorsatz, feindselig gegen die Republik zu handeln, begeht, oder

b) wenn ein anderer besonders erschwerender Umstand vorliegt.

§ 103

Anwerbung von Militär

1. Wer einen Bewohner der Republik, der nicht ausländischer Staatsangehöriger ist, für den Dienst in der Armee einer ausländischen Macht oder in einer ausländischen bewaffneten Formation anwirbt, oder

wer eine solche Anwerbung vermittelt,

wird mit Freiheitsentziehung von einem Jahr bis zu 5 Jahren bestraft.

2. Mit Freiheitsentziehung von 5 bis 15 Jahren wird der Täter bestraft,

a) wenn durch eine im Absatz 1 angeführte Tat die Wehrkraft der Republik gefährdet wird, oder

b) wenn ein anderer besonders erschwerender Umstand vorliegt.

Vierter Abschnitt

Straftaten gegen verfassungsmäßige Funktionäre*)

§§ 104 bis 109

(aufgehoben)

§ 110

Herabwürdigung des Präsidenten der Republik

1. Wer den Präsidenten der Republik oder seinen Stellvertreter herabwürdigt, wird mit Freiheitsentziehung von einem Monat bis zu einem Jahre bestraft.

2. Mit Freiheitsentziehung von 3 Monaten bis zu 3 Jahren wird der Täter bestraft, wenn er die im Absatz 1 angeführte Tat

a) öffentlich,

b) wiederholt bei verschiedenen Anlässen,

---

*) Über den Begriff „Funktionär" s. Einleitung S. 18.

c) in Gegenwart des Präsidenten der Republik oder seines Stellvertreters, oder
d) wegen der Ausübung der Befugnisse des Präsidenten der Republik oder seines Stellvertreters oder überhaupt wegen dessen Tätigkeit im politischen Leben begeht.

§ 111

Schmähung eines verfassungsmäßigen Funktionärs

Wer öffentlich
a) eine gesetzgebende Körperschaft, deren Vorstand, Ausschuß oder Kommission, die Regierung oder das Korps der Beauftragten*), oder
b) ein Mitglied der Regierung, des Korps der Beauftragten*), oder des Vorstands einer gesetzgebenden Körperschaft wegen der Ausübung seiner Befugnisse oder überhaupt wegen seiner Tätigkeit im politischen Leben

schmäht, wird mit Freiheitsentziehung von 3 Monaten bis zu 2 Jahren bestraft.

Fünfter Abschnitt

Straftaten, die die Ordnung in öffentlichen Angelegenheiten besonders gefährden

Gefährdung eines Wirtschafts- und Dienstgeheimnisses

§ 112

1. Wer ein Wirtschafts- oder Dienstgeheimnis mit dem Vorsatz, es ins Ausland zu verraten, ausspäht, oder

wer ein Wirtschafts- oder Dienstgeheimnis vorsätzlich ins Ausland verrät,

wird mit Freiheitsentziehung von 3 Monaten bis zu 3 Jahren bestraft.

2. Mit Freiheitsentziehung von einem Jahr bis zu fünf Jahren wird der Täter bestraft,
a) wenn er eine im Absatz 1 angeführte Tat als öffentlicher Funktionär begeht,
b) wenn eine solche Tat einen bedeutenden Schaden zur Folge hat, oder
c) wenn ein anderer besonders erschwerender Umstand vorliegt.

§ 113

Wer fahrlässig bewirkt, daß ein Wirtschafts- oder Dienstgeheimnis im Ausland bekannt wird, wird mit Freiheitsentziehung bis zu einem Jahr bestraft.

§ 114

1. Wer ein Wirtschafts- oder Dienstgeheimnis ausspäht mit dem Vorsatz, es einer unberufenen Person zu verraten, oder

wer ein Wirtschafts- oder Dienstgeheimnis vorsätzlich einer solchen Person verrät,

wird mit Freiheitsentziehung bis zu einem Jahr bestraft.

---

*) Das „Korps der Beauftragten" entspricht einer Art Landesregierung für die Slowakei. Vgl. §§ 19 ff. des Verf.-Gesetzes v. 31. 7. 1956, Sb. Nr. 33, über die slowakischen Volksorgane.

2. Mit Freiheitsentziehung von 3 Monaten bis zu 3 Jahren wird der Täter bestraft,
a) wenn er eine im Absatz 1 angeführte Tat als öffentlicher Funktionär begeht,
b) wenn eine solche Tat einen bedeutenden Schaden zur Folge hat, oder
c) wenn ein anderer besonders erschwerender Umstand vorliegt.

§ 115

(aufgehoben)

Angriffe gegen gewisse Bevölkerungsgruppen

§ 116

1. Wer gegen eine Gruppe von Einwohnern der Republik wegen ihrer Nationalität, Rasse oder Religion oder weil sie ohne Bekenntnis oder weil sie Anhänger der volksdemokratischen Ordnung sind, Gewalt anwendet oder mit Gewalttätigkeit droht, wird mit Freiheitsentziehung von 3 Monaten bis zu 3 Jahren bestraft.

2. Ebenso wird bestraft, wer an einer Zusammenrottung von mindestens drei Personen zu einer im Absatz 1 angeführten Tat teilnimmt.

3. Mit Freiheitsentziehung von einem Jahr bis zu 5 Jahren wird der Täter bestraft,
a) wenn er eine im Absatz 1 angeführte Tat mit der Waffe begeht, oder
b) wenn ein anderer besonders erschwerender Umstand vorliegt.

§ 117

Wer gegen einen anderen wegen dessen Nationalität, Rasse oder Religion oder weil er ohne Bekenntnis oder weil er Anhänger der volksdemokratischen Ordnung ist, Gewalt anwendet oder mit Gewalttätigkeit droht, oder ihm deswegen einen Nachteil an seinem Eigentum zufügt, wird mit Freiheitsentziehung bis zu 2 Jahren bestraft.

§ 118

(aufgehoben)

§ 119

Wer öffentlich eine Gruppe von Einwohnern der Republik wegen ihrer Nationalität, Rasse oder Religion oder weil sie ohne Bekenntnis oder weil sie Anhänger der volksdemokratischen Ordnung sind, schmäht, wird mit Freiheitsentziehung bis zu einem Jahr bestraft.

Unerlaubte Bewaffnung*)

§ 120

1. Wer ohne Erlaubnis sich oder einen anderen bewaffnet, indem er
a) eine gegen Massen wirksame Waffe, oder Bestandteile, die zum Gebrauch einer solchen Waffe unbedingt notwendig sind, sich oder einem anderen verschafft, oder aufbewahrt, oder
b) andere Waffen, Munition oder Explosivstoffe ansammelt oder verteilt,

wird mit Freiheitsentziehung bis zu fünf Jahren bestraft.

*) Vgl. Gesetz v. 16. 6. 1949, Nr. 162 Sb., über Waffen und Munition.

2. Mit Freiheitsentziehung von 5 bis 10 Jahren wird der Täter bestraft,
a) wenn er eine im Absatz 1 angeführte Tat in einer Zeit erhöhter Gefährdung des Vaterlandes begeht, oder
b) wenn ein anderer besonders erschwerender Umstand vorliegt.

§ 121

1. Wer ohne Erlaubnis
a) eine bewaffnete oder militärisch organisierte Gruppe bildet,
b) eine solche Gruppe im Umgang mit Waffen schult oder mit ihr irgendeine militärische Ausbildung durchführt,
c) einer solchen Gruppe beitritt oder an ihrer Tätigkeit teilnimmt, oder
d) eine solche Gruppe oder ihre Mitglieder in ihren Bestrebungen unterstützt,
wird mit Freiheitsentziehung von einem Jahr bis zu fünf Jahren bestraft.

2. Mit Freiheitsentziehung von 5 bis 10 Jahren wird der Täter bestraft,
a) wenn er eine im Absatz 1 angeführte Tat in einer Zeit erhöhter Gefährdung des Vaterlandes begeht, oder
b) wenn ein anderer besonders erschwerender Umstand vorliegt.

§ 122

Unerlaubte Herstellung und Haltung einer Sendestation

1. Wer ohne Erlaubnis
a) eine radioelektrische Sendestation oder einen Satz wesentlicher zur Aufstellung einer solchen Station bestimmter Bestandteile herstellt, sich oder einem anderen beschafft, oder aufbewahrt, oder
b) eine solche Station benutzt,
wird mit Freiheitsentziehung bis zu zwei Jahren bestraft.

2. Mit Freiheitsentziehung von einem Jahr bis zu fünf Jahren wird der Täter bestraft,
a) wenn er eine im Absatz 1 angeführte Tat in einer Zeit erhöhter Gefährdung des Vaterlandes begeht, oder
b) wenn ein besonders erschwerender Umstand vorliegt.

§ 123

Mißbrauch einer religiösen Funktion

Wer die Ausübung einer seelsorgerischen Tätigkeit oder einer ähnlichen religiösen Funktion mißbraucht mit dem Vorsatz, auf Angelegenheiten des politischen Lebens einen für die volksdemokratische Ordnung der Republik ungünstigen Einfluß auszuüben, wird mit Freiheitsentziehung von 3 Monaten bis zu 3 Jahren bestraft.

§ 124

Schmähung der Republik

1. Wer die Republik schmäht,

den Namen oder ein Symbol der Republik, insbesondere ihr Wappen, ihre Flagge, Farben oder Hymne schmäht, oder

wer mit dem Vorsatz, der Republik Feindschaft oder Verachtung zu bezeugen, ein Symbol der Republik, insbesondere ihr Wappen, ihre Flagge oder ihre Farben, oder eine Abbildung des Präsidenten der Republik oder seines Stellvertreters vernichtet, beschädigt oder beseitigt,
wird mit Freiheitsentziehung bis zu einem Jahr bestraft.

2. Mit Freiheitsentziehung von 3 Monaten bis zu 2 Jahren wird der Täter bestraft,

a) wenn er eine im Absatz 1 angeführte Tat öffentlich begeht, oder

b) wenn ein anderer besonders erschwerender Umstand vorliegt.

§ 125

Schmähung eines verbündeten Staates

Wer öffentlich

a) einen verbündeten Staat, dessen Oberhaupt, einen anderen Repräsentanten oder einen von der Regierung der Republik anerkannten Vertreter dieses Staates schmäht,

b) den Namen oder ein Symbol des verbündeten Staates, insbesondere dessen Wappen, Flagge, Farben oder Hymne schmäht, oder

c) mit dem Vorsatz, dem verbündeten Staat Feindschaft oder Verachtung zu bezeugen, ein Symbol des verbündeten Staates, insbesondere dessen Wappen, Flagge oder Farben, oder eine Abbildung des Oberhaupts oder eines anderen Repräsentanten des verbündeten Staates vernichtet, beschädigt oder beseitigt,

wird mit Freiheitsentziehung von 3 Monaten bis zu 2 Jahren bestraft.

§ 126

Schmähung von Nation und Rasse

Wer öffentlich eine Nation oder ihre Sprache oder eine Rasse in einer Weise schmäht, die öffentliches Ärgernis erregen kann, wird mit Freiheitsentziehung bis zu einem Jahre bestraft.

Verbreitung einer alarmierenden Nachricht

§ 127

Wer die Gefahr ernster Beunruhigung mindestens eines Teils der Bevölkerung eines Ortes herbeiführt, indem er eine alarmierende Nachricht verbeitet, die unwahr ist, wird mit Freiheitsentziehung bis zu sechs Monaten bestraft.

§ 127 a

Wer in einer Zeit erhöhter Gefährdung des Vaterlandes auch nur fahrlässig die Gefahr ernster Beunruhigung mindestens eines Teils der Bevölkerung eines Ortes dadurch herbeiführt, daß er eine alarmierende Nachricht verbreitet, wird mit Freiheitsentziehung von einem Jahr bis zu fünf Jahren bestraft.

§§ 128 und 129

(aufgehoben)

ZWEITES HAUPTSTÜCK
Wirtschaftsstraftaten

Erster Abschnitt
Straftaten gegen das Wirtschaftssystem

§ 130
Umtriebe gegen die Verstaatlichung

Wer sich in Umtriebe einläßt mit dem Vorsatz, die Verstaatlichung eines der Verstaatlichung unterliegenden Unternehmens, Wirtschaftsobjekts oder anderen Vermögenswertes zu vereiteln oder erheblich zu erschweren, wird mit Freiheitsentziehung von einem Jahr bis zu fünf Jahren bestraft.

§ 131
Bildung von Privatmonopolen

Wer auf dem Gebiet der Tschechoslowakischen Republik eine private Monopol-Erwerbsorganisation, insbesondere ein Kartell, Syndikat oder einen Trust errichtet oder ihr beitritt oder sie verheimlicht oder unterstützt, wird mit Freiheitsentziehung von einem Jahr bis zu fünf Jahren bestraft.

§ 132
Mißbrauch einer Genossenschaft[1]

Wer eine Genossenschaft dazu mißbraucht, um ein Unternehmen, das mit dem Zweck von Genossenschaften in Widerspruch steht, zu tarnen, wird mit Freiheitsentziehung von einem Jahr bis zu fünf Jahren bestraft.

§ 133
Mißbrauch des Eigentumsrechts

Wer vorsätzlich ein allgemeines Interesse dadurch gefährdet, daß er eine eigene Sache von höherem Wert oder größerer wirtschaftlicher Bedeutung vernichtet, beschädigt, unbrauchbar macht oder verhandelt, wird mit Freiheitsentziehung von 3 Monaten bis zu 3 Jahren bestraft.

Zweiter Abschnitt
Straftaten gegen den einheitlichen Wirtschaftsplan

§ 134
(aufgehoben)

§ 134a
Spekulation

1. Wer mit dem Vorsatz, sich oder einem anderen einen unberechtigten Vorteil zu verschaffen, mit Bedarfsgegenständen spekuliert, insbesondere dadurch, daß er in größerem Umfang solche Gegenstände zum Zwecke ihrer Veräußerung aufkauft, hortet oder versteckt, wird mit Freiheitsentziehung bis zu drei Jahren bestraft.

2. Mit Freiheitsentziehung von 3 bis 10 Jahren wird der Täter bestraft,

a) wenn er eine in Absatz 1 angeführte Tat als Mitglied einer Vereinigung begeht,

---
[1]) Vgl. S. 20 und Anmerkung 3 zu § 84.

b) wenn er eine solche Tat begeht, obwohl er schon einmal wegen einer solchen Tat verurteilt worden ist, oder

c) wenn ein anderer besonders erschwerender Umstand vorliegt.

3. Mit Freiheitsentziehung von 10 bis 20 Jahren wird der Täter bestraft,

a) wenn durch die in Absatz 1 angeführte Tat eine ernste Störung in der Versorgung hervorgerufen wird, oder

b) wenn durch eine solche Tat die Gefahr einer ernsten Störung in der Versorgung eines größeren Bevölkerungskreises hervorgerufen wird.

§ 135

Betriebsschädigung

1. Wer auch nur aus Fahrlässigkeit den Betrieb oder die Entwicklung eines Nationalunternehmens, einer Genossenschaft oder einer anderen Organisation des sozialistischen Sektors hindert oder erschwert, insbesondere dadurch, daß er die Pflichten seines Berufs, seiner Beschäftigung oder seines Dienstes nicht erfüllt oder verletzt oder die Erfüllung einer solchen Verpflichtung umgeht, wird mit Freiheitsentziehung bis zu einem Jahr bestraft.

2. Mit Freiheitsentziehung von 6 Monaten bis zu 3 Jahren wird der Täter bestraft,

a) wenn durch eine in Absatz 1 angeführte Tat eine ernste Störung in der Tätigkeit des Nationalunternehmens, der Genossenschaft oder anderen Organisationen des sozialistischen Sektors hervorgerufen wird, oder

b) wenn eine solche Tat einen anderen bedeutenden Schaden zur Folge hat.

§ 136

Nichterfüllung einer Verpflichtung

Wenn ein Privatunternehmer oder derjenige, der für die Leitung von dessen Unternehmen verantwortlich ist, seine Pflichten, die sich aus einem staatlichen Plan zur Entwicklung der Volkswirtschaft oder aus öffentlichen Lieferungen oder Arbeiten ergeben, auch nur fahrlässig nicht erfüllt, wird er mit Freiheitsentziehung bis zu 6 Monaten Gefängnis und Geldstrafe bestraft.

§ 137

Umtriebe bei öffentlichen Lieferungen und Arbeiten

1. Wer bei öffentlichen Lieferungen oder Arbeiten eine Handlung begeht, die den Besteller schädigen oder die Erfüllung von dessen Aufgaben vereiteln könnte, wird mit Freiheitsentziehung bis zu 2 Jahren bestraft.

2. Mit Freiheitsentziehung von einem Jahr bis zu fünf Jahren wird der Täter bestraft,

a) wenn eine im Absatz 1 angeführte Tat einen bedeutenden Schaden zur Folge hat, oder

b) wenn ein anderer besonders erschwerender Umstand vorliegt.

§ 138

Gefährdung der Planung und der Kontrolle der Erfüllung eines Plans

1. Wer in einem Berichte oder einem Vermerk der volkswirtschaftlichen Evidenz, die zur Aufstellung eines staatlichen Plans zur Entwicklung der Volkswirtschaft oder zur Kontrolle seiner Durchführung oder Erfüllung dienen soll, vorsätzlich täuschende Angaben über ein Unternehmen macht, wird mit Freiheitsentziehung bis zu 6 Monaten bestraft.

2. Mit Freiheitsentziehung von 3 Monaten bis zu 2 Jahren wird der Täter bestraft,

a) wenn eine im Absatz 1 angeführte Tat einen bedeutenden Schaden zur Folge hat, oder

b) wenn ein anderer besonders erschwerender Umstand vorliegt.

Dritter Abschnitt

Straftaten gegen die Währung

§ 139

Fälschung und Veränderung von Zahlungsmitteln

1. Wer ein Zahlungsmittel nachmacht mit dem Vorsatz, es als echtes auszugeben, wird mit Freiheitsentziehung von 5 bis 20 Jahren bestraft.

2. Ebenso wird bestraft, wer

a) ein aus dem Umlauf gezogenes Zahlungsmittel mit dem Vorsatz, es als gültiges Zahlungsmittel auszugeben, oder

b) ein Zahlungsmittel niederen Wertes mit dem Vorsatz, es als Zahlungsmittel höheren Wertes auszugeben,

verändert.

3. Mit Freiheitsentziehung von 15 bis 25 Jahren wird der Täter bestraft,

a) wenn er eine im Absatz 1 oder 2 angeführte Tat als Mitglied einer Verbindung begeht,

b) wenn er eine solche Tat in bedeutendem Umfang begeht,

c) wenn er eine solche Tat erwerbsmäßig begeht,

d) wenn durch eine solche Tat die tschechoslowakische Währung gefährdet werden kann, oder

e) wenn ein anderer besonders erschwerender Umstand vorliegt.

§ 140

Inverkehrbringen gefälschter und veränderter Zahlungsmittel

1. Wer ein gefälschtes oder verändertes Zahlungsmittel

a) vorsätzlich als echtes ausgibt,

b) zu einem solchen Zwecke in das Gebiet der Tschechoslowakischen Republik verbringt, oder

c) zu einem solchen Zwecke annimmt oder sich selbst oder einem anderen verschafft,

wird mit Freiheitsentziehung von 5 bis 10 Jahren bestraft.

2. Mit Freiheitsstrafe von 10 bis 20 Jahren wird der Täter bestraft,

a) wenn er eine im Absatz 1 angeführte Tat als Mitglied einer Verbindung begeht,

b) wenn er eine solche Tat in bedeutendem Umfang begeht,
c) wenn er eine solche Tat erwerbsmäßig begeht,
d) wenn durch eine solche Tat die tschechoslowakische Währung gefährdet werden kann, oder
e) wenn ein anderer besonders erschwerender Umstand vorliegt.

3. Wer ein gefälschtes oder verändertes Zahlungsmittel, mit dem ihm als echtes gezahlt wurde, vorsätzlich als echtes ausgibt, wird mit Freiheitsentziehung bis zu einem Jahre bestraft.

§ 141

Münzverringerung und Inverkehrbringen verringerter Münzen

1. Wer den Metallgehalt einer Münze verringert mit dem Vorsatz, jemandem Schaden zuzufügen oder sich oder einem andern einen unberechtigten Vorteil zu verschaffen, wird mit Freiheitsentziehung von 6 Monaten bis zu 3 Jahren bestraft.

2. Ebenso wird bestraft, wer eine verringerte Münze auf eine im Absatz 1 angeführte Weise
a) vorsätzlich als vollwertiges Zahlungsmittel ausgibt,
b) zu einem solchen Zwecke ins Gebiet der Tsechoslowakischen Republik verbringt, oder
c) zu einem solchen Zwecke annimmt oder sich selbst oder einem anderen verschafft.

3. Mit Freiheitsentziehung von einem Jahr bis zu 5 Jahren wird der Täter bestraft,
a) wenn er eine im Absatz 1 oder 2 angeführte Tat als Mitglied einer Verbindung begeht,
b) wenn er eine solche Tat in bedeutendem Umfang begeht,
c) wenn er eine solche Tat erwerbsmäßig begeht, oder
d) wenn ein anderer besonders erschwerender Umstand vorliegt.

4. Wer eine Münze, die auf eine im Absatz 1 angeführte Weise verringert wurde, und ihm schon als vollwertige Münze gezahlt wurde, vorsätzlich als vollwertiges Zahlungsmittel ausgibt, wird mit Freiheitsentziehung bis zu 6 Monaten bestraft.

§ 142

Anfertigung und Haltung von Fälschergerät

1. Wer ein Werkzeug oder einen anderen Gegenstand, der zur Fälschung oder Veränderung von Zahlungsmitteln oder zur Verringerung von Münzen bestimmt ist, anfertigt, sich oder einem anderen verschafft, oder aufbewahrt, wird mit Freiheitsentziehung von 3 Monaten bis zu 3 Jahren bestraft.

2. Mit Freiheitsentziehung von einem Jahr bis zu 5 Jahren wird der Täter bestraft,
a) wenn er eine im Absatz 1 angeführte Tat in Ausübung seines Berufs begeht,
b) wenn er eine solche Tat erwerbsmäßig begeht, oder
c) wenn ein anderer besonders erschwerender Umstand vorliegt.

§ 143

Gefährdung des Umlaufs inländischer Zahlungsmittel

Wer vorsätzlich
a) ohne gesetzlichen Grund inländische Zahlungsmittel zurückweist oder deren Annahme an bestimmte Bedingungen knüpft,
b) ohne wirtschaftliches Bedürfnis oder über das Maß desselben hinaus inländische kleine Zahlungsmittel, namentlich Münzen, hortet, oder
c) inländische Zahlungsmittel beschädigt,
wird mit Freiheitsentziehung bis zu 6 Monaten bestraft.

§ 144

Unerlaubte Anfertigung und Inverkehrbringen von Ersatzmitteln für inländische Zahlungsmittel

Wer unbefugt
a) Ersatzmittel für inländische Zahlungsmittel anfertigt oder ausgibt, oder
b) solche Ersatzmittel in Umlauf setzt, mit ihnen zahlt oder sie als Zahlungsmittel annimmt,
wird mit Freiheitsentziehung bis zu 6 Monaten bestraft.

Gefährdung der Devisenwirtschaft*)

§ 145

1. Wer vorsätzlich der Devisenwirtschaft einen bedeutenden Schaden dadurch zufügt, daß er gegen die Vorschriften über die Devisenwirtschaft handelt, wird mit Freiheitsentziehung von einem Jahr bis zu 5 Jahren bestraft.

2. Mit Freiheitsentziehung von 5 bis 10 Jahren wird der Täter bestraft,
a) wenn er eine im Absatz 1 angeführte Tat als Mitglied einer Verbindung begeht,
b) wenn er zur Erleichterung einer solchen Tat zweierlei Rechnungsbücher geführt hat, wenn er Rechnungsbücher beseitigt oder gefälschte Urkunden oder andere Täuschungsmittel benutzt hat,
c) wenn er zur Erleichterung einer solchen Tat einen amtlichen Verschluß verletzt hat, oder
d) wenn er eine solche Tat begeht, obwohl er schon wegen einer solchen Tat bestraft worden ist.

§ 146

Wer mit dem Vorsatz, die Devisenwirtschaft erheblich zu schädigen, für sich oder einen anderen auf Grund einer unwahren oder unvollständigen Angabe eine Genehmigung oder eine Urkunde, die nach den Devisenvorschriften erforderlich sind, erwirbt, wird mit Freiheitsentziehung von einem Jahr bis zu 5 Jahren bestraft.

§ 147

Gemeinsame Bestimmungen

Den Schutz der §§ 139 bis 142 genießen auch ausländische Zahlungsmittel sowie massenweise ausgegebene inländische und ausländische Wert-

---

*) Vgl. Gesetz v. 22. 12. 1953, Nr. 107 Sb., über die Devisenwirtschaft.

papiere, die auf Inhaber lauten oder durch Indossament übertragbar sind, und Schecke.

Vierter Abschnitt

Steuerstraftaten und Verstöße gegen die Vorschriften über den Warenumlauf im Verkehr mit dem Ausland

Steuerhinterziehung und Steuergefährdung

§ 148

1. Wer vorsätzlich in bedeutendem Umfang Steuern hinterzieht oder einen Steuervorteil erschleicht oder einen solchen Vorteil mißbraucht, wird mit Freiheitsentziehung bis zu 2 Jahren bestraft.

2. Mit Freiheitsentziehung von einem Jahr bis zu 5 Jahren und Geldstrafe wird der Täter bestraft,

a) wenn er eine im Absatz 1 angeführte Tat mindestens mit 2 Personen begeht,
b) wenn er zur Erleichterung einer solchen Tat zweierlei Rechnungsbücher geführt hat, wenn er Rechnungsbücher beseitigt oder gefälschte Urkunden oder andere Täuschungsmittel benutzt hat,
c) wenn er zur Erleichterung einer solchen Tat einen amtlichen Verschluß verletzt hat,
d) wenn eine solche Tat einen bedeutenden Schaden zur Folge hat, oder
e) wenn ein anderer besonders erschwerender Umstand vorliegt.

§ 149

1. Wer mit dem Vorsatz einer Steuerhinterziehung Waren über eine Zollgrenze schafft und dabei mit einer Waffe versehen ist, wird mit Freiheitsentziehung bis zu 2 Jahren bestraft.*)

2. Wer mit dem Vorsatz, eine Steuer zu hinterziehen oder einen Steuervorteil zu erschleichen oder einen solchen Vorteil zu mißbrauchen,

a) mit mindestens 2 Personen sich verbindet,
b) zweierlei Rechnungsbücher führt, Rechnungsbücher beseitigt oder gefälschte Urkunden oder andere Täuschungsmittel benutzt, oder
c) einen amtlichen Verschluß verletzt,

wird mit Freiheitsentziehung bis zu einem Jahr bestraft.

§ 150

Wer vorsätzlich eine Steuer hinterzieht oder einen Steuervorteil erschleicht oder einen solchen Vorteil mißbraucht, obwohl er schon wegen Steuerhinterziehung und Steuergefährdung nach § 148 oder § 149 bestraft worden ist, wird mit Freiheitsentziehung bis zu einem Jahr bestraft.

Verletzung der Vorschriften über den Warenumlauf im Verkehr mit dem Ausland

§ 151

1. Wer vorsätzlich das Gemeinwohl erheblich gefährdet, indem er ein Verbot oder eine Beschränkung der Einfuhr, Ausfuhr oder Durchfuhr von Waren verletzt, wird mit Freiheitsentziehung bis zu 2 Jahren bestraft.

2. Mit Freiheitsentziehung von einem Jahre bis zu 5 Jahren wird der Täter bestraft,

---

*) Vgl. Zollgesetz Nr. 36/53 Sb.; DVO Nr. 31/54 Sb.; Nr. 147—151/54 U. l.

a) wenn er die im Absatz 1 angeführte Tat mindestens mit zwei Personen begeht,
b) wenn er zur Erleichterung einer solchen Tat zweierlei Rechnungsbücher geführt hat, wenn er Rechnungsbücher beseitigt oder gefälschte Urkunden oder andere Täuschungsmittel benutzt hat,
c) wenn er zur Erleichterung einer solchen Tat einen amtlichen Verschluß verletzt hat,
d) wenn eine solche Tat einen bedeutenden Schaden zur Folge hat, oder
e) wenn ein anderer besonders erschwerender Umstand vorliegt.

§ 152

1. Wer mit dem Vorsatz, ein Verbot oder eine Beschränkung der Einfuhr, Ausfuhr oder Durchfuhr von Waren zu verletzen, Waren über eine Zollgrenze schafft und dabei mit einer Waffe versehen ist, wird mit Freiheitsentziehung bis zu 2 Jahren bestraft.

2. Wer mit dem Vorsatz, ein Verbot oder eine Beschränkung der Einfuhr, Ausfuhr oder Durchfuhr von Waren zu verletzen,
a) mit mindestens zwei Personen sich verbindet,
b) zweierlei Rechnungsbücher führt, Rechnungsbücher beseitigt oder gefälschte Urkunden oder andere Täuschungsmittel benutzt, oder
c) einen amtlichen Verschluß verletzt,

wird mit Freiheitsentziehung bis zu einem Jahr bestraft.

§ 153

Wer vorsätzlich ein Verbot oder eine Beschränkung der Einfuhr, Ausfuhr oder Durchfuhr von Waren verletzt, obwohl er schon wegen Verletzung der Vorschriften über den Umlauf von Waren im Verkehr mit dem Ausland gemäß § 151 oder § 152 bestraft worden ist, wird mit Freiheitsentziehung bis zu einem Jahr bestraft.

DRITTES HAUPTSTÜCK

Straftaten gegen die Ordnung in öffentlichen Angelegenheiten

Erster Abschnitt

Straftaten gegen die Volksverwaltung und Gerichtsbarkeit

§ 154

Gewalttätigkeit gegen Nationalausschüsse und Gerichte

1. Wer Gewalt anwendet oder mit Gewalttätigkeit droht in dem Vorsatz, auf die Ausübung der Befugnisse eines Nationalausschusses, dessen ausführenden Organs oder eines Gerichts einzuwirken, wird mit Freiheitsentziehung von einem Jahr bis zu fünf Jahren bestraft.

2. Ebenso wird bestraft, wer an einer Zusammenrottung von mindestens drei Personen zu einer im Absatz 1 angeführten Tat teilnimmt.

3. Mit Freiheitsentziehung von 5 bis 10 Jahren wird der Täter bestraft,
a) wenn er eine im Absatz 1 oder 2 angeführte Tat mit einer Waffe begeht, oder
b) wenn ein anderer besonders erschwerender Umstand vorliegt.

§ 155

Gewalttätigkeit wegen Ausübung des Wahlrechts

1. Wer gegen einen anderen Gewalt anwendet oder ihm einen Vermögensschaden zufügt, weil jener
a) das Wahlrecht überhaupt ausgeübt oder nicht ausgeübt hat, oder
b) das Wahlrecht in einem bestimmten Sinne oder auf eine bestimmte Weise ausgeübt oder nicht ausgeübt hat,
wird mit Freiheitsentziehung von 3 Monaten bis zu 3 Jahren bestraft.

2. Mit Freiheitsentziehung von einem Jahr bis zu 5 Jahren wird der Täter bestraft, wenn die im Absatz 1 angeführte Tat die Ausübung des Rechts, gewählt zu werden, betrifft.

§ 156

Bestechung bei Wahlen

1. Wer einem andern einen Vermögensvorteil dafür gewährt, anbietet oder verspricht, daß jener
a) das Wahlrecht überhaupt ausübt oder nicht ausübt, oder
b) das Wahlrecht in einem bestimmten Sinne oder auf eine bestimmte Weise ausübt oder nicht ausübt,
wird mit Freiheitsentziehung bis zu einem Jahre bestraft.

2. Ebenso wird bestraft, wer in Zusammenhang mit der Ausübung des Wahlrechts einen Vermögensvorteil fordert, annimmt oder sich versprechen läßt.

§ 157

Wahlbetrug

Wer vorsätzlich das Wahlrecht ausübt, obwohl er hierzu nicht berechtigt ist, oder
wer einen andern arglistig an der Ausübung des Wahlrechts hindert,
wird mit Freiheitsentziehung bis zu einem Jahr bestraft.

§ 158

Unwahre ehrenwörtliche Erklärung

Wer vorsätzlich in einer ehrenwörtlichen Erklärung, die er einer Behörde gegenüber zum Beweise oder zur Bezeugung einer Tatsache abgibt, die Unwahrheit sagt, wird mit Freiheitsentziehung bis zu einem Jahr bestraft.

§ 159

Fälschung und Änderung einer öffentlichen Urkunde

1. Wer eine öffentliche Urkunde fälscht oder ihren Inhalt wesentlich verändert mit dem Vorsatz, sie zu gebrauchen oder sie als echte gebrauchen zu lassen, oder
wer vorsätzlich eine solche Urkunde als echte gebraucht,
wird mit Freiheitsentziehung bis zu 2 Jahren bestraft.

2. Mit Freiheitsentziehung von einem Jahr bis zu zehn Jahren wird der Täter bestraft,
a) wenn er eine im Absatz 1 angeführte Tat in bedeutendem Umfang begeht,

b) wenn er eine solche Tat erwerbsmäßig begeht, oder
c) wenn ein anderer besonders erschwerender Umstand vorliegt.

§ 160
Fälschung und Änderung von Marken und Stempeln

1. Wer Post- oder Stempelmarken oder Stempel fälscht oder ändert, um einen andern zu schädigen, oder sich oder einem andern einen rechtswidrigen Vorteil zu verschaffen, oder

wer solche Marken oder Stempel vorsätzlich in Umlauf setzt oder sie als echte benutzt,
wird mit Freiheitsentziehung bis zu 2 Jahren bestraft.

2. Mit Freiheitsentziehung von einem Jahr bis zu fünf Jahren wird der Täter bestraft,
a) wenn er eine im Absatz 1 angeführte Tat in bedeutendem Umfang begeht,
b) wenn er eine solche Tat erwerbsmäßig begeht, oder
c) wenn ein anderer besonders erschwerender Umstand vorliegt.

§ 161
Falsche Aussage

1. Wer als Zeuge, Sachverständiger oder Dolmetscher vor Gericht, vor dem Prokurator, vor einem Ermittler, der nach der Strafprozeßordnung die Ermittlungen führt, vor einem staatlichen Notar, soweit dieser entscheidende Tätigkeit ausübt, oder vor einem ausführenden Organ eines Nationalausschusses vorsätzlich die Unwahrheit über wesentliche Umstände aussagt oder diese verschweigt, wird mit Freiheitsentziehung von einem Jahr bis zu fünf Jahren bestraft.

2. Mit Freiheitsentziehung von 5 bis 15 Jahren wird der Täter bestraft,
a) wenn die im Absatz 1 angeführte Tat einen bedeutenden Schaden zur Folge haben kann oder hat, oder
b) wenn ein anderer besonders erschwerender Umstand vorliegt.

§ 162
Falsche Anschuldigung

1. Wer einen anderen lügnerisch einer strafbaren Handlung beschuldigt in dem Vorsatz, Anlaß zu dessen Verfolgung zu geben, wird mit Freiheitsentziehung von einem Jahr bis zu 5 Jahren bestraft.

2. Mit Freiheitsentziehung von 5 bis 15 Jahren wird der Täter bestraft,
a) wenn die im Absatz 1 angeführte Tat einen bedeutenden Schaden zur Folge haben kann oder hat, oder
b) wenn ein anderer besonders erschwerender Umstand vorliegt.

§ 163
Begünstigung*)

1. Wer dem Täter einer strafbaren Handlung Beistand leistet mit dem Vorsatz, ihm zu ermöglichen, der Strafverfolgung, der Strafe oder Schutzmaßnahme oder deren Vollzug zu entgehen, wird mit Freiheitsentziehung von 3 Monaten bis zu 3 Jahren bestraft; wenn er aber auf diese Weise dem

*) S. Einleitung S. 19.

Täter zu einer strafbaren Handlung, für die das Gesetz eine mildere Strafe bestimmt, Beihilfe leistet, wird er mit jener milderen Strafe bestraft.

2. Mit Freiheitsentziehung von einem bis zu fünf Jahren wird der Täter bestraft, wenn er auf die im Absatz 1 angeführte Weise dem Täter zu einer strafbaren Handlung Beistand leistet, für die das Gesetz die Todesstrafe, die Strafe der Freiheitsentziehung von 25 Jahren oder eine Freiheitsentziehung, deren untere Grenze mindestens 10 Jahre beträgt, vorsieht.

3. Wer eine im Absatz 1 oder 2 angeführte Tat zugunsten einer nahestehenden Person begeht, ist nicht strafbar, sofern er nicht mit dem Vorsatz gehandelt hat,

a) einer Person, die Hochverrat (§ 78), Schädigung (§ 84), Sabotage (§ 85) oder Spionage (§§ 86 und 87) begangen hat, zu helfen,

b) sich oder einem andern einen Vermögensvorteil zu verschaffen, oder

c) dem Täter beizustehen, dem Vollzug der Strafe des Vermögensverfalls oder Verfalls einer Sache oder dem Vollzug einer Schutzmaßnahme zu entgehen.

§ 164

Nichtverhinderung einer Straftat

1. Wer Hochverrat (§ 78), Terror (§ 80 a), Schädigung (§ 84), Sabotage (§ 85), Spionage (§§ 86 und 87), Schädigung im Kriege nach § 99, Fälschung und Veränderung von Zahlungsmitteln (§ 139), Inverkehrbringen gefälschter oder veränderter Zahlungsmittel (§ 140), Gemeingefährdung nach § 190, Mord (§ 216), Raub (§ 232), Fahnenflucht (§§ 273 und 274), Meuterei (§ 276), Verletzung der Pflichten eines Befehlshabers (§§ 287 und 288) oder Gefährdung des Kampfgeistes nach den §§ 295 und 296 vorsätzlich nicht verhindert, wird mit Freiheitsentziehung bis zu fünf Jahren bestraft.

2. Wer eine im Absatz 1 angeführte Tat begeht, ist nicht strafbar, wenn er die Straftat nicht ohne erhebliche Schwierigkeiten oder ohne Gefahr für sich oder, sofern es sich nicht um Hochverrat (§ 78), Schädigung (§ 84), Sabotage (§ 85) oder Spionage (§§ 86 und 87) handelt, ohne Gefahr für eine ihm nahestehende Person verhindern konnte.

§ 165

Nichtanzeige einer Straftat

1. Wer auf glaubwürdige Weise erfährt, daß ein anderer Hochverrat (§ 78), Untergrabung der Republik (§ 79 a), Terror (§ 80 a), Schädigung (§ 84), Sabotage (§ 85), Spionage (§§ 86 und 87), Gefährdung eines Staatsgeheimnisses nach § 88, Schädigung im Kriege nach § 99, unerlaubte Bewaffnung (§§ 120 und 121), Fälschung und Veränderung von Zahlungsmitteln (§ 139), Inverkehrbringen gefälschter und veränderter Zahlungsmittel (§ 140), Gemeingefährdung nach § 190, Mord (§ 216), Raub (§ 232), Diebstahl von Vermögen in sozialistischem Eigentum nach § 245 Abs. 3 und 4, Beschädigung von Vermögen in sozialistischem Eigentum nach § 245 a Abs. 2 Buchst. a), Fahnenflucht (§§ 273 und 274) oder Meuterei (§ 276) vorbereitet oder begangen hat, und es vorsätzlich unterläßt, diese Straftat unverzüglich dem Prokurator oder einem Sicherheitsorgan anzuzeigen, wird mit Freiheitsentziehung bis zu fünf Jahren bestraft.

2. Wer eine in Absatz 1 angeführte Tat begeht, ist nicht strafbar, wenn er die Anzeige nicht ohne Gefahr für sich oder, sofern es sich nicht um Hochverrat (§ 78), Schädigung (§ 84), Sabotage (§ 85) oder Spionage (§§ 86 und 87) handelt, ohne Gefahr für eine ihm nahestehende Person erstatten konnte.

§ 166

Verbindung

1. Wer sich mit jemandem zur Begehung einer strafbaren Handlung verbindet, die nach dem Gesetz mit einer Strafe der Freiheitsentziehung, deren untere Grenze mindestens drei Jahre beträgt, und fünf Jahre nicht übersteigt, bedroht ist, oder

wer eine solche Verbindung oder ihre Teilnehmer in ihren Bestrebungen unterstützt,

wird mit Freiheitsentziehung bis zu einem Jahr bestraft.

2. Mit Freiheitsentziehung von einem bis zu drei Jahren wird der Täter bestraft, wenn die im Absatz 1 angeführte Tat eine strafbare Handlung betrifft, die nach dem Gesetz mit einer Strafe der Freiheitsentziehung, deren untere Grenze 5 Jahre übersteigt, bedroht ist.

3. Mit Freiheitsentziehung von 5 bis 10 Jahren wird der Täter bestraft, wenn die im Absatz 1 angeführte Tat eine strafbare Handlung betrifft, die nach dem Gesetz mit der Todesstrafe oder mit Freiheitsentziehung von 25 Jahren bedroht ist.

4. Die Bestimmungen der Absätze 1 bis 3 finden keine Anwendung, wenn die Verbindung zur Begehung der Straftat nach anderen Bestimmungen strafbar ist.

Aufreizung

§ 167

1. Wer öffentlich zu einer Straftat aufreizt, wird mit Freiheitsentziehung von 3 Monaten bis zu 3 Jahren bestraft.

2. Mit Freiheitsentziehung von einem Jahr bis zu fünf Jahren wird der Täter bestraft, wenn die im Absatz 1 angeführte Tat eine strafbare Handlung betrifft, die nach dem Gesetz mit Freiheitsentziehung, deren untere Grenze mindestens 5 Jahre beträgt, bedroht ist.

3. Mit Freiheitsentziehung von 5 bis 10 Jahren wird der Täter bestraft, wenn die im Absatz 1 angeführte Tat eine strafbare Handlung betrifft, die nach dem Gesetz mit der Todesstrafe oder Freiheitsentziehung von 25 Jahren bedroht ist.

§ 168

1. Wer öffentlich zur massenweisen Nichterfüllung einer gesetzlich auferlegten Verpflichtung aufreizt, wird mit Freiheitsentziehung bis zu einem Jahr bestraft.

2. Mit Freiheitsentziehung von 3 Monaten bis zu 3 Jahren wird der Täter bestraft,

a) wenn die im Absatz 1 angeführte Tat eine besonders wichtige Verpflichtung betrifft,
b) wenn eine solche Tat einen bedeutenden Schaden zur Folge hat, oder
c) wenn ein anderer besonders erschwerender Umstand vorliegt.

§ 169
Gutheißen einer Straftat

1. Wer öffentlich

a) eine Straftat anpreist oder ausdrücklich gutheißt oder dazu anderweitig seine Zustimmung ausdrückt, oder

b) den Täter wegen der Straftat preist oder feiert,

wird mit Freiheitsentziehung bis zu einem Jahr bestraft.

2. Ebenso wird bestraft, wer mit dem Vorsatz, seine Zustimmung zu einer Straftat zum Ausdruck zu bringen,

a) den Täter belohnt,

b) ihm für die Strafe oder für die Erfüllung der vom Gericht dem Täter gemachten Auflage eine Ersatzleistung gewährt, oder

c) für eine solche Belohnung oder Ersatzleistung Sammlungen veranstaltet.

3. Mit Freiheitsentziehung von einem Jahr bis zu fünf Jahren wird der Täter bestraft, wenn die im Absatz 1 oder 2 angeführte Tat eine strafbare Handlung betrifft, die nach dem Gesetz mit der Todesstrafe, der Strafe der Freiheitsentziehung von 25 Jahren oder einer Strafe der Freiheitsentziehung, deren untere Grenze mindestens 10 Jahre beträgt, bedroht ist.

§ 170
Gefangenenmeuterei

1. Wenn eine Gruppe von Gefangenen sich dem Aufsichtsorgan, dessen Befehl oder der Gefängnisordnung widersetzt, wird jeder Teilnehmer an dieser Tat mit Freiheitsentziehung bis zu 5 Jahren bestraft.

2. Wer sich mit einem anderen verbindet, um eine im Absatz 1 angeführte Tat durchzuführen oder zu unternehmen, wird mit Freiheitsentziehung bis zu einem Jahr bestraft.

Vereitelung der Vollstreckung einer behördlichen Entscheidung

§ 171

Wer die Vollstreckung einer Entscheidung eines Nationalausschusses, dessen ausführenden Organs, eines Gerichts oder einer anderen Behörde oder eines öffentlichen Organs vorsätzlich vereitelt oder erschwert, indem er

a) eine Sache, auf die sich diese Entscheidung bezieht, vernichtet, beschädigt, unbrauchbar macht, verheimlicht, veräußert oder beiseiteschafft, oder

b) der Wache oder aus der Haft entweicht,

wird mit Freiheitsentziehung bis zu 5 Jahren bestraft.

§ 172

Wer aus Fahrlässigkeit einem anderen es ermöglicht oder erleichtert, der Wache oder aus der Haft zu entweichen, wird mit Freiheitsentziehung bis zu einem Jahr bestraft.

Vereitelung der Aufsicht über Kirchen und religiöse Gesellschaften

§ 173

Wer mit dem Vorsatz, die Ausübung der Staatsaufsicht über die Kirche oder über eine religiöse Gesellschaft zu vereiteln oder zu erschweren, die Bestimmungen des Gesetzes über die wirtschaftliche Sicherstellung der Kirchen und religiösen Gesellschaften durch den Staat*) verletzt, wird mit Freiheitsentziehung bis zu zwei Jahren bestraft.

§ 174

(aufgehoben)

Zweiter Abschnitt

Strafbare Handlungen gegen die Pflichten öffentlicher Funktionäre**)

Pflichtverletzungen eines öffentlichen Funktionärs

§ 175

1. Ein öffentlicher Funktionär, der mit dem Vorsatz, einem andern Schaden zuzufügen oder sich selbst oder einem anderen einen unberechtigten Vorteil zu verschaffen,

a) öffentliche Angelegenheiten in gesetzwidriger Weise besorgt,

b) die Grenzen seiner Befugnisse überschreitet, oder

c) seine Pflicht nicht erfüllt,

wird mit Freiheitsentziehung von drei Monaten bis zu fünf Jahren bestraft.

2. Mit Freiheitsentziehung von 3 bis 10 Jahren wird der Täter bestraft,

a) wenn die in Absatz 1 angeführte Tat eine ernste Störung der Tätigkeit eines Amtes oder anderen öffentlichen Organs, eines Nationalunternehmens, einer Genossenschaft oder anderen Organisation des sozialistischen Sektors, wo der Täter tätig ist oder wofür er arbeitet, zur Folge hat,

b) wenn durch eine solche Tat in höherem Maße das Vertrauen des arbeitenden Volkes in die Unparteilichkeit oder Würde eines Amtes oder eines öffentlichen Organs gefährdet werden kann,

c) wenn eine solche Tat einen anderen bedeutenden Schaden zur Folge hat oder

d) wenn ein anderer besonders erschwerender Umstand vorliegt.

§ 176

1. Ein öffentlicher Funktionär, der fahrlässig die Erfüllung der ihm anvertrauten Aufgaben dadurch verhindert, daß er

a) öffentliche Angelegenheiten in gesetzwidriger Weise besorgt,

---

*) Gesetz v. 14. 10. 1949, Sb. Nr. 218, mit DVO Sb. Nr. 219—223/1949; s. auch Ges. v. 14. 10. 1949, Sb. Nr. 217 über die Errichtung des Staatsamts f. kirchl. Angelegenheiten; dazu RegVO Nr. 228/49 Sb.

**) Zum Begriff des „Funktionärs" s. Einleitung S. 18.

b) die Grenzen seiner Befugnisse überschreitet, oder
c) seine Pflicht nicht erfüllt,
wird mit Freiheitsentziehung bis zu einem Jahr bestraft.

2. Mit Freiheitsentziehung von drei Monaten bis zu 3 Jahren wird der Täter bestraft,
a) wenn durch eine im Absatz 1 angeführte Tat ein wichtiges allgemeines Interesse verletzt wird,
b) eine solche Tat einen anderen bedeutenden Schaden zur Folge hat, oder
c) wenn ein anderer besonders erschwerender Umstand vorliegt.

Dritter Abschnitt

Strafbare Handlungen gegen öffentliche Funktionäre

§ 177

Gewalttätigkeit gegen einen öffentlichen Funktionär*)

1. Wer
a) in dem Vorsatz, auf die Ausübung der Befugnisse eines öffentlichen Funktionärs einzuwirken,
b) gegen einen öffentlichen Funktionär wegen Ausübung seiner Befugnisse, oder
c) gegen einen andern, weil er zum Schutze eines öffentlichen Funktionärs aufgetreten ist,
Gewalt anwendet oder mit Gewalttätigkeit droht, wird mit Freiheitsentziehung bis zu fünf Jahren bestraft.

2. Ebenso wird bestraft, wer an einer Zusammenrottung von mindestens drei Personen zur Begehung einer im Absatz 1 angeführten Tat teilnimmt.

3. Mit Freiheitsentziehung von 3 bis 10 Jahren wird der Täter bestraft,
a) wenn er die im Absatz 1 oder 2 angeführte Tat mit einer Waffe begeht,
b) wenn er durch eine solche Tat einen öffentlichen Funktionär oder jemanden, der zu dessen Schutz auftritt, an der Gesundheit beschädigt, oder
c) wenn ein anderer besonders erschwerender Umstand vorliegt.

§ 178

Anmaßung der Befugnisse eines öffentlichen Funktionärs*)

Wer sich Befugnisse eines öffentlichen Funktionärs anmaßt mit dem Vorsatze, einem anderen Schaden zuzufügen oder sich selbst oder einem andern einen unberechtigten Vorteil zu verschaffen, wird mit Freiheitsentziehung bis zu fünf Jahren bestraft.

§ 179

Störung der Ausübung der Befugnisse eines öffentlichen Funktionärs

Wer die Ausübung der Befugnisse eines öffentlichen Funktionärs dadurch erschwert, daß er sich in die Ausübung einmischt, wird mit Freiheitsentziehung bis zu 6 Monaten bestraft.

---

*) Zum Begriff des „Funktionärs" s. Einleitung S. 18.

§ 180

Beleidigung eines öffentlichen Funktionärs

Wer einen öffentlichen Funktionär bei der Ausübung seiner Befugnisse oder wegen dieser Ausübung beleidigt, wird mit Freiheitsentziehung bis zu 6 Monaten bestraft.

Vierter Abschnitt

Bestechung

§ 181

Passive Bestechung

1. Wer in Zusammenhang mit einer Entscheidung in Angelegenheiten öffentlichen Interesses oder mit dem Vollzug einer solchen Entscheidung einen Vorteil annimmt oder sich versprechen läßt, wird mit Freiheitsentziehung bis zu einem Jahre bestraft.

2. Wer unter den im Absatz 1 angeführten Umständen einen Vorteil fordert, wird mit Freiheitsentziehung von 3 Monaten bis zu 3 Jahren bestraft.

3. Mit Freiheitsentziehung von einem Jahr bis zu fünf Jahren wird der Täter bestraft, der sich einer im Absatz 1 oder 2 angeführten Tat als öffentlicher Funktionär schuldig macht.

§ 182

Aktive Bestechung

1. Wer einem andern in Zusammenhang mit einer Entscheidung in Angelegenheiten öffentlichen Interesses oder mit dem Vollzug einer solchen Entscheidung einen Vorteil gewährt, anbietet oder verspricht, wird mit Freiheitsentziehung bis zu einem Jahr bestraft.

2. Mit Freiheitsentziehung von 3 Monaten bis zu 3 Jahren wird der Täter bestraft, der sich einer im Absatz 1 angeführten Tat gegenüber einem öffentlichen Funktionär schuldig macht.

§ 183

Mittelbare Bestechung

Wer einen Vorteil dafür fordert oder annimmt, daß er seinen Einfluß auf die Ausübung der Befugnisse eines öffentlichen Funktionärs geltend machen werde oder schon geltend gemacht hat, oder

wer einem andern aus einem solchen Grunde einen Vorteil gewährt, anbietet oder verspricht,

wird mit Freiheitsentziehung bis zu einem Jahr bestraft.

§ 184

Besondere Bestimmungen über tätige Reue

Nicht strafbar wegen aktiver (§ 182) und mittelbarer (§ 183) Bestechung ist, wer einen Vorteil nur deshalb gewährt oder verspricht, weil er darum ersucht wurde, und hierüber freiwillig unverzüglich beim Prokurator oder einem Sicherheitsorgan Anzeige erstattet.

Fünfter Abschnitt

Andere strafbare Handlungen wider die Ordnung in öffentlichen Angelegenheiten

§ 185

Gefährliche Bedrohung

Wer mit dem Vorsatz, wenigstens bei einem Teil der Bevölkerung eines Ortes Angst oder Unruhe hervorzurufen, damit droht, eine Gemeingefahr (§ 190) herbeizuführen, wird mit Freiheitsentziehung bis zu 2 Jahren bestraft.

Trunkenheit

§ 186

Wer sich durch Genuß alkoholischer Getränke oder sonstwie auch nur fahrlässig in den Zustand der Unzurechnungsfähigkeit versetzt und in diesem Zustande eine strafbare Handlung begeht, wird mit Freiheitsentziehung bis zu 5 Jahren bestraft; wenn er aber eine strafbare Handlung begeht, für die das Gesetz eine mildere Strafe vorsieht, wird er mit dieser milderen Strafe bestraft.

§ 187

1. Wer sich auch nur fahrlässig betrinkt, obwohl er in Trunkenheit zu Ausschreitungen neigt, oder

wer eine Person, die in Trunkenheit zu Ausschreitungen neigt, vorsätzlich trunken macht oder ihre Trunkenheit erhöht,

wird mit Freiheitsentziehung bis zu 6 Monaten bestraft.

2. Ebenso wird bestraft, wer alkoholische Getränke unter Umständen genießt, in denen er das Leben oder die Gesundheit von Menschen gefährden oder einen erheblichen Vermögensschaden verursachen könnte.

§ 188

(aufgehoben)

§ 188 a

Schmarotzertum

Wer sich auf unlautere Weise ernährt und ehrlicher Arbeit ausweicht, wird mit Freiheitsentziehung von drei Monaten bis zu zwei Jahren bestraft.

§ 188 b

Begehung von Exzessen

Wer öffentliches Ärgernis erregt, indem er grobe Ungehörigkeiten oder Ausschreitungen begeht, die seine offenbare Mißachtung gegenüber der Gesellschaft bezeugen, wird mit Freiheitsentziehung von drei Monaten bis zu zwei Jahren bestraft.

§ 189

Üble Nachrede

1. Wer das Ansehen eines andern bei dessen Mitbürgern vorsätzlich dadurch gefährdet, daß er über ihn jemandem die Unwahrheit sagt, wird mit Freiheitsentziehung bis zu 6 Monaten bestraft.

2. Mit Freiheitsentziehung bis zu einem Jahr wird der Täter bestraft,
a) wenn er die im Absatz 1 angeführte Tat öffentlich begeht,
b) wenn er eine solche Tat gegen einen öffentlichen Funktionär wegen der Ausübung von dessen Befugnissen begeht, oder
c) wenn eine solche Tat einen schweren Nachteil zur Folge haben kann oder hat.

VIERTES HAUPTSTÜCK

Gemeingefährliche Straftaten

Gemeingefährdung

§ 190

1. Wer vorsätzlich Menschen der Todesgefahr oder schweren Nachteilen an ihrer Gesundheit, oder fremdes Eigentum der Gefahr einer Beschädigung großen Ausmaßes aussetzt (Gemeingefahr), indem er
a) eine Feuersbrunst oder eine Überschwemmung hervorruft,
b) eine schädliche Wirkung von Explosivstoffen, Gas, Elektrizität oder anderen ähnlich gefährlichen Stoffen oder Kräften hervorruft, oder
c) eine andere, ähnlich gemeingefährliche Handlung begeht,
wird mit Freiheitsentziehung von 5 bis 10 Jahren bestraft.

2. Ebenso wird bestraft, wer vorsätzlich
a) eine Gemeingefahr erhöht, oder
b) ihre Abwendung oder Minderung vereitelt oder erschwert.

3. Mit Freiheitsentziehung von 5 Jahren bis 20 Jahren wird der Täter bestraft,
a) wenn er eine im Absatz 1 oder 2 angeführte Tat an Vermögen, das sich in sozialistischem Eigentum befindet, begeht,
b) wenn eine solche Tat eine drohende Notlage vieler Menschen oder einen schweren Nachteil an der Gesundheit vieler Menschen oder einen umfangreichen Vermögensschaden zur Folge hat, oder
c) wenn er eine solche Tat in einer Zeit erhöhter Gefährdung des Vaterlandes begeht.

4. Mit Freiheitsentziehung von 25 Jahren oder mit dem Tode wird der Täter bestraft,
a) wenn er eine im Absatz 1 oder 2 angeführte Tat innerhalb kurzer Zeit wiederholt begeht,
b) wenn er eine solche Tat als Mitglied einer Verbindung begeht, oder
c) wenn eine solche Tat den Tod eines Menschen zur Folge hat.

§ 191

1. Wer zur Begehung einer Gemeingefährdung (§ 190)
a) sich erbietet oder seine Hilfe anbietet,
b) sich mit jemandem verbindet, oder
c) Explosivstoffe, Brennstoffe oder andere, ähnlich gefährliche Stoffe herstellt, sich oder einem anderen verschafft, oder verwahrt,
wird mit Freiheitsentziehung von einem bis zu fünf Jahren bestraft.

2. Mit Freiheitsentziehung von 5 bis 10 Jahren wird der Täter bestraft, wenn er eine im Absatz 1 angeführte Tat in einer Zeit erhöhter Gefährdung des Vaterlandes begeht.

§ 192

1. Wer aus Fahrlässigkeit eine Gemeingefahr (§ 190) herbeiführt oder erhöht, oder ihre Abwendung oder Minderung vereitelt oder erschwert, wird mit Freiheitsentziehung bis zu einem Jahr bestraft.

2. Mit Freiheitsentziehung von einem Jahr bis zu fünf Jahren wird der Täter bestraft,
a) wenn er durch eine im Absatz 1 angeführte Tat eine wichtige Pflicht verletzt, die sich aus seinem Beruf ergibt oder die ihm nach dem Gesetze auferlegt ist,
b) wenn er eine solche Tat an Vermögen, das sich in sozialistischem Eigentum befindet, begeht, oder
c) wenn ein anderer besonders erschwerender Umstand vorliegt.

§ 193

Pflichtverletzung bei drohender Not

Wer vorsätzlich die Abwendung oder Minderung einer drohenden Not, die wenigstens einen Teil der Bevölkerung eines Ortes unmittelbar befällt, dadurch vereitelt oder erschwert, daß er ohne wichtigen Grund
a) Hilfeleistung, die ihm nach dem Gesetz auferlegt ist oder zu der er sich verpflichtet hat, ablehnt, oder
b) es vereitelt, daß solche Hilfe durch eine andere Person geleistet wird,
wird mit Freiheitsentziehung von 3 Monaten bis zu 3 Jahren bestraft.

Gefährdung des Betriebs gemeinnütziger Einrichtungen

§ 194

1. Wer vorsätzlich den Betrieb
a) eines öffentlichen Telefons, Telegrafen oder des Rundfunks, der Post oder der Eisenbahn oder einer anderen Einrichtung zum öffentlichen Massentransport,
b) eines Unterseekabels,
c) einer Kraft- oder Wasserwerks-Einrichtung,
d) einer öffentlichen Schutzeinrichtung gegen Feuer, Hochwasser oder andere Elementarkatastrophen, oder
e) von Verteidigungs- oder Schutzeinrichtungen gegen Fliegerangriffe oder andere ähnliche Angriffe oder gegen deren Folgen
gefährdet, wird mit Freiheitsentziehung von 3 Monaten bis zu 3 Jahren bestraft.

2. Mit Freiheitsentziehung von einem Jahr bis zu fünf Jahren wird der Täter bestraft,
a) wenn er eine im Absatz 1 angeführte Tat in einer Zeit erhöhter Gefährdung des Vaterlandes begeht,
b) wenn eine solche Tat eine tatsächliche Störung des Betriebs zur Folge hat, oder
c) wenn ein anderer besonders erschwerender Umstand vorliegt.

§ 195

Wer durch Fahrlässigkeit den Betrieb einer gemeinnützigen Einrichtung (§ 194) gefährdet, wird mit Freiheitsentziehung bis zu 6 Monaten bestraft.

§ 196

Unerlaubte Herstellung und Haltung von Waffen und Explosivstoffen

1. Wer ohne Erlaubnis Waffen und Munition herstellt oder damit Handel treibt, wird mit Freiheitsentziehung bis zu 2 Jahren bestraft.

2. Ebenso wird bestraft, wer ohne Erlaubnis Explosivstoffe herstellt, sich oder einem andern verschafft oder aufbewahrt oder gebraucht.

Unerlaubte Herstellung und Haltung von Betäubungsmitteln und Giften

§ 197

1. Wer ohne Erlaubnis Betäubungsmittel oder Gifte herstellt, einführt, ausführt, einem anderen verschafft oder aufbewahrt, wird mit Freiheitsentziehung bis zu 3 Jahren bestraft.

2. Mit Freiheitsentziehung von einem Jahr bis zu fünf Jahren und Geldstrafe wird der Täter bestraft,

a) wenn er die im Absatz 1 angeführte Tat in bedeutendem Umfang oder erwerbsmäßig begeht, oder

b) wenn eine solche Tat den Tod eines Menschen oder einen schweren Nachteil an der Gesundheit vieler Menschen zur Folge hat.

§ 198

Wer einen Gegenstand, der zur unbefugten Herstellung von Betäubungsmitteln oder Giften bestimmt ist, herstellt, sich oder einem anderen verschafft oder aufbewahrt, wird mit Freiheitsentziehung bis zu 2 Jahren bestraft.

Verbreitung ansteckender Krankheiten

§ 199

1. Wer vorsätzlich die Gefahr der Einschleppung oder Verbreitung einer ansteckenden menschlichen Krankheit herbeiführt oder erhöht, wird mit Freiheitsentziehung bis zu 3 Jahren bestraft.

2. Mit Freiheitsentziehung von einem bis zu fünf Jahren wird der Täter bestraft, wenn die im Absatz 1 angeführte Tat den Tod eines Menschen oder einen schweren Nachteil an der Gesundheit vieler Menschen zur Folge hat.

§ 200

Wer fahrlässig die Gefahr der Einschleppung oder Verbreitung einer ansteckenden menschlichen Krankheit herbeiführt oder erhöht, wird mit Freiheitsentziehung bis zu 6 Monaten bestraft.

§ 201

1. Wer vorsätzlich die Gefahr der Einschleppung oder Verbreitung einer ansteckenden Krankheit unter Haustieren oder unter anderen wirtschaftlich wichtigen Tieren herbeiführt oder erhöht, wird mit Freiheitsentziehung bis zu einem Jahr bestraft.

2. Mit Freiheitsentziehung von 3 Monaten bis zu 3 Jahren wird der Täter bestraft, wenn die im Absatz 1 angeführte Tat die Verbreitung einer solchen Krankheit zur Folge hat.

§ 202

1. Wer vorsätzlich die Gefahr der Einschleppung oder Verbreitung einer ansteckenden Krankheit oder eines Schädlings nützlicher Pflanzen herbeiführt oder erhöht, wird mit Freiheitsentziehung bis zu einem Jahre bestraft.

2. Mit Freiheitsentziehung von 3 Monaten bis zu 2 Jahren wird der Täter bestraft, wenn die im Absatz 1 angeführte Tat die Verbreitung einer solchen Krankheit oder eines solchen Schädlings zur Folge hat.

Gefährdung der Gesundheit durch nicht einwandfreie Lebensmittel oder andere Bedarfsartikel

§ 203

1. Wer vorsätzlich Lebensmittel oder andere Gegenstände, deren Genuß oder deren Gebrauch zu gewöhnlichen Zwecken gefährlich für Menschenleben ist, feilhält oder für den Verkauf herstellt, oder sich oder einem anderen verschafft, wird mit Freiheitsentziehung bis zu 2 Jahren und Geldstrafe bestraft.

2. Mit Freiheitsentziehung von einem Jahr bis zu fünf Jahren und Geldstrafe wird der Täter bestraft, wenn eine im Absatz 1 angeführte Tat den Tod eines Menschen oder einen schweren Nachteil für die Gesundheit vieler Menschen zur Folge hat.

§ 204

Wer fahrlässig Lebensmittel oder andere Gegenstände, deren Genuß oder deren Gebrauch zu gewöhnlichen Zwecken gefährlich für die menschliche Gesundheit ist, feilhält oder für den Verkauf herstellt oder sich oder einem andern verschafft, wird mit Freiheitsentziehung bis zu 6 Monaten bestraft.

§ 205

Gemeinsame Bestimmungen

Durch Verordnung des Justizministers wird bestimmt werden*), was als Betäubungsmittel und als Gift im Sinne der §§ 197 und 198 anzusehen ist, welche Krankheiten als ansteckend im Sinne der §§ 199 bis 202 anzusehen sind und auf welche Schädlinge sich die Bestimmung des § 202 bezieht.

FÜNFTES HAUPTSTÜCK

Straftaten gegen Familie und Jugend

§ 206

Doppelehe

Wer während der Dauer seiner Ehe eine andere Ehe schließt oder wer mit einer schon verheirateten Person die Ehe schließt, wird mit Freiheitsentziehung bis zu 2 Jahren bestraft.

*) Vgl. VO des Justizministers vom 30. 11. 1955, Nr. 54 Sb., und die Gesetzl. Vfg. des Präsidiums der Nationalversammlung vom 31. 3. 1955, Nr. 23 Sb., über Betäubungsmittel, Gifte, ansteckende Krankheiten und Schädlinge für Nutzpflanzen im Sinne des Strafgesetzes.

§ 207

Verletzung des Gesetzes über das Familienrecht*)

Wer bei Ausübung seiner seelsorgerischen Tätigkeit oder einer ähnlichen religiösen Funktion auch nur fahrlässig die Bestimmungen des Gesetzes über das Familienrecht verletzt, insbesondere dadurch, daß er religiöse Trauungsfeierlichkeiten mit Personen vornimmt, die nicht miteinander die Ehe geschlossen haben, wird mit Freiheitsentziehung bis zu einem Jahre bestraft.

§ 208

Veränderung des Personenstands

Wer ein Kind unterschiebt oder auf andere Weise die Familienzugehörigkeit eines andern verändert oder unterdrückt, wird mit Freiheitsentziehung bis zu 2 Jahren bestraft.

§ 209

Weglegung eines Kindes

1. Wer ein Kind weglegt, das sich selbst keine Hilfe verschaffen kann, wird mit Freiheitsentziehung von einem Jahr bis zu fünf Jahren bestraft.

2. Mit Freiheitsentziehung von 2 bis 10 Jahren wird der Täter bestraft, wenn die im Absatz 1 angeführte Tat einen schweren Nachteil an der Gesundheit oder den Tod zur Folge hat.

Vernachlässigung der Unterhaltspflicht

§ 210

1. Wer auch nur fahrlässig seine gesetzliche Pflicht, einen andern zu erhalten oder zu versorgen, nicht erfüllt, wird mit Freiheitsentziehung bis zu einem Jahr bestraft.

2. Wer sich der Erfüllung einer gesetzlichen Pflicht, einen andern zu erhalten oder zu versorgen, entzieht, wird mit Freiheitsentziehung bis zu 2 Jahren bestraft.

3. Mit Freiheitsentziehung von 3 Monaten bis zu 3 Jahren wird der Täter bestraft, wenn die unterhaltsberechtigte Person infolge einer im Absatz 1 oder 2 angeführten Tat der Not oder einer andern Gefahr ausgesetzt ist.

§ 211

Wegen Vernachlässigung der Unterhaltspflicht nach § 210 ist der Täter nicht strafbar, wenn eine solche Tat nicht dauernd ungünstige Folgen hat und der Täter seine Pflicht nachträglich erfüllt, bevor das Gericht der ersten Instanz das Urteil zu verkünden beginnt.

§ 212

Quälen einer anvertrauten Person

Wer eine Person, die in seiner Fürsorge oder Erziehung steht, quält, wird mit Freiheitsentziehung von 6 Monaten bis zu 3 Jahren bestraft.

---

*) § 7 des Gesetzes Nr. 265 vom 7. 12. 1949 über das Familienrecht lautet:
„Religiöse Trauungsfeierlichkeiten sind gestattet; sie dürfen aber erst nach der entsprechend diesem Gesetz erfolgten Eheschließung stattfinden."

§ 213

Abgabe alkoholischer Getränke an minderjährige Personen

Wer einer Person, die jünger als 18 Jahre ist, für ihren eigenen Bedarf alkoholische Getränke in solchem Ausmaß abgibt, daß hierdurch ihre Gesundheit gefährdet werden kann, oder

wer dies nicht verhindert, owohl er hierzu verpflichtet ist,

wird mit Freiheitsentziehung bis zu einem Jahr bestraft.

§ 214

Entführung

1. Wer eine Person, die jünger als 15 Jahre ist, oder eine Person, die von einer Geistesstörung betroffen oder geistig unzureichend entwickelt ist, aus der Gewalt dessen, der verpflichtet ist, für sie zu sorgen, wegnimmt, wird mit Freiheitsentziehung bis zu einem Jahre bestraft.

2. Mit Freiheitsentziehung von einem bis zu fünf Jahren wird der Täter bestraft,

a) wenn er die im Absatz 1 angeführte Tat mit dem Vorsatz, sich oder einem andern einen Vermögensvorteil zu verschaffen, begeht,

b) wenn durch eine solche Tat die sittliche Entwicklung der entführten Person gefährdet wird, oder

c) wenn ein anderer besonders erschwerender Umstand vorliegt.

§ 215

Gefährdung der sittlichen Erziehung der Jugend

Wer auch nur fahrlässig eine Person, die jünger als 18 Jahre ist, der Gefahr der Verwahrlosung aussetzt, indem er seine Pflicht, für sie zu sorgen, nicht erfüllt,

wer einer solchen Person vorsätzlich es ermöglicht, einen müßigen oder unsittlichen Lebenswandel zu führen, oder

wer eine solche Person zu müßigem oder unsittlichem Lebenswandel verführt,

wird mit Freiheitsentziehung bis zu 2 Jahren bestraft.

SECHSTES HAUPTSTÜCK

Straftaten gegen Leben und Gesundheit

§ 216

Mord

1. Wer einen andern vorsätzlich tötet, wird mit Freiheitsentziehung von 15 bis 25 Jahren bestraft.

2. Mit Freiheitsentziehung von 25 Jahren oder mit dem Tode wird der Täter bestraft,

a) wenn er die im Absatz 1 angeführte Tat an mehreren Personen oder wiederholt begeht,

b) wenn er eine solche Tat bei einem Raub oder auf eine besonders rohe Weise begeht, oder

c) wenn ein anderer besonders erschwerender Umstand vorliegt.

§ 217

Ermordung eines neugeborenen Kindes durch die Mutter

Eine Mutter, die in der durch die Geburt verursachten Erregung vorsätzlich ihr neugeborenes Kind bei der Geburt oder gleich danach tötet, wird mit Freiheitsentziehung von 5 bis 10 Jahren bestraft.

§ 218

(aufgehoben durch § 8 Abs. 1 des Gesetzes Nr. 68/1957, unten S. 116)*)

Beschädigung an der Gesundheit

§ 219

1. Wer einen andern vorsätzlich an der Gesundheit beschädigt, wird mit Freiheitsentziehung bis zu 6 Monaten bestraft.

2. Mit Freiheitsentziehung von 6 Monaten bis zu 3 Jahren wird der Täter bestraft,

a) wenn er die im Absatz 1 angeführte Tat gegen einen Zeugen, Sachverständigen oder Dolmetscher wegen der Ausübung ihrer Pflichten begeht,

b) wenn er eine solche Tat gegen jemanden wegen seiner Nationalität, Rasse oder Religion oder weil der Beschädigte ohne Bekenntnis oder weil er Anhänger der volksdemokratischen Ordnung ist, begeht, oder

c) wenn ein anderer besonders erschwerender Umstand vorliegt.

---

*) § 218 in der Fassung v. 22. 12. 1956 lautete:

Tötung einer menschlichen Leibesfrucht

1. Ein schwangeres Weib, das vorsätzlich ihre Leibesfrucht tötet oder einen anderen um Tötung ihrer Leibesfrucht ersucht oder ihm das gestattet, wird mit Freiheitsentziehung bis zu einem Jahr bestraft.

2. Wer mit Zustimmung eines schwangeren Weibes vorsätzlich deren Leibesfrucht tötet, oder

wer ein schwangeres Weib zu einer im Absatz 1 angeführten Tat verleitet oder ihr zu einer solchen Tat Beihilfe leistet,
wird mit Freiheitsentziehung von einem bis zu fünf Jahren bestraft.

3. Mit Freiheitsentziehung von 3 bis 10 Jahren wird der Täter bestraft,

a) wenn er die im Absatz 2 angeführte Tat erwerbsmäßig begeht, oder

b) wenn eine solche Tat einen schweren Nachteil an der Gesundheit des schwangeren Weibes oder ihren Tod zur Folge hat.

4. Nicht strafbar ist die Tötung der menschlichen Leibesfrucht durch einen Arzt in einer Heilanstalt mit Zustimmung des schwangeren Weibes, wenn durch einen anderen Arzt, und zwar einen Amtsarzt, bestätigt wird, daß der Austragung der Leibesfrucht oder die Geburt ernstlich das Leben des schwangeren Weibes gefährdet oder ihr eine schwere und dauernde Gesundheitsstörung verursacht haben würde oder daß einer der Elternteile an einer schweren Erbkrankheit leidet; die Zustimmung des schwangeren Weibes kann durch die Zustimmung seines gesetzlichen Vertreters nur dann ersetzt werden, wenn es geschäftsunfähig ist oder wenn es unfähig ist, sich selbst zu äußern.

3. Mit Freiheitsentziehung von einem Jahr bis zu fünf Jahren wird der Täter bestraft, wenn die im Absatz 1 angeführte Tat einen schweren Nachteil an der Gesundheit zur Folge hat.

4. Mit Freiheitsentziehung von 3 bis 10 Jahren wird der Täter bestraft, wenn die im Absatz 1 angeführte Tat den Tod zur Folge hat.

§ 220

1. Wer einem andern vorsätzlich einen schweren Nachteil an der Gesundheit zufügt, wird mit Freiheitsentziehung von 3 bis 10 Jahren bestraft.

2. Mit Freiheitsentziehung von 5 bis 15 Jahren wird der Täter bestraft, wenn die im Absatz 1 angeführte Tat den Tod zur Folge hat.

Fahrlässige Beschädigung an der Gesundheit

§ 221

1. Wer einen andern fahrlässig an der Gesundheit beschädigt, wird mit Freiheitsentziehung bis zu 3 Monaten bestraft.

2. Mit Freiheitsentziehung bis zu einem Jahre wird der Täter bestraft, wenn er durch die im Absatz 1 angeführte Tat eine wichtige Pflicht verletzt, die sich aus seinem Berufe ergibt oder ihm nach dem Gesetze auferlegt ist.

§ 222

1. Wer durch Fahrlässigkeit einem andern einen schweren Nachteil an der Gesundheit zufügt oder ihn tötet, wird mit Freiheitsentziehung von 3 Monaten bis zu 2 Jahren bestraft.

2. Mit Freiheitsentziehung von einem bis zu 5 Jahren wird der Täter bestraft, wenn er durch eine im Absatz 1 angeführte Tat eine wichtige Pflicht verletzt, die sich aus seinem Berufe ergibt oder ihm nach dem Gesetze auferlegt ist.

§ 223

Schlägerei

1. Wer vorsätzlich das Leben oder die Gesundheit eines andern dadurch gefährdet, daß er an einer Schlägerei teilnimmt, wird mit Freiheitsentziehung bis zu 6 Monaten bestraft.

2. Mit Freiheitsentziehung von 6 Monaten bis zu 5 Jahren wird der Täter bestraft, wenn die im Absatz 1 angeführte Tat bei einem andern einen schweren Nachteil an der Gesundheit oder den Tod zur Folge hat.

Gefährdung durch Geschlechtskrankheit

§ 224

Wer einen andern vorsätzlich der Gefahr geschlechtlicher Ansteckung aussetzt, wird mit Freiheitsentziehung von 3 Monaten bis zu 3 Jahren bestraft.

§ 225

Wer einen andern fahrlässig der Gefahr geschlechtlicher Ansteckung aussetzt, wird mit Freiheitsentziehung bis zu 6 Monaten bestraft.

§ 226

Teilnahme am Selbstmord

1. Wer einen andern zum Selbstmord verleitet oder einem andern zum Selbstmord Hilfe leistet, wird, wenn es wenigstens zum Versuch des Selbstmordes kam, mit Freiheitsentziehung von 6 Monaten bis zu 3 Jahren bestraft.

2. Mit Freiheitsentziehung von 2 bis 10 Jahren wird der Täter bestraft,
a) wenn er die im Absatz 1 angeführte Tat an einer Person begeht, die jünger als 18 Jahre ist oder an einer Person, die durch eine Geistesstörung betroffen oder geistig ungenügend entwickelt ist, oder
b) wenn ein anderer besonders erschwerender Umstand vorliegt.

Unterlassung von Hilfeleistung

§ 227

1. Wer es vorsätzlich unterläßt, einer Person, die sich in Todesgefahr befindet, die nötige Hilfe zu leisten, obwohl er sie ohne Gefahr für sich oder für einen andern leisten könnte, wird mit Freiheitsentziehung bis zu 6 Monaten bestraft.

2. Mit Freiheitsentziehung bis zu einem Jahr wird der Täter bestraft, wenn er die im Absatz 1 angeführte Tat begeht, obwohl er nach Art seines Berufs zur Hilfeleistung verpflichtet ist.

§ 228

Der Lenker eines Verkehrsmittels, der nach einem Verkehrsunfall, an dem er beteiligt war, es vorsätzlich unterläßt, der Person, die bei dem Unfall einen Nachteil an ihrer Gesundheit erlitten hat, die nötige Hilfe zu leisten, obwohl er das ohne Gefahr für sich oder für andere tun kann, wird mit Freiheitsentziehung von 3 Monaten bis zu 2 Jahren bestraft.

SIEBENTES HAUPTSTÜCK

Straftaten wider Freiheit und Menschenwürde

Erster Abschnitt

Straftaten wider die Freiheit

§ 229

Einschränkung der persönlichen Freiheit

1. Wer einen andern unbefugt an dem Gebrauch seiner persönlichen Freiheit hindert, wird mit Freiheitsentziehung bis zu 2 Jahren bestraft.

2. Mit Freiheitsentziehung von 6 Monaten bis zu 3 Jahren wird der Täter bestraft,
a) wenn er die im Absatz 1 angeführte Tat mit dem Vorsatz begeht, die Ausführung einer anderen Straftat zu erleichtern,
b) wenn er bewaffnet eine solche Tat begeht, oder
c) wenn ein anderer besonders erschwerender Umstand vorliegt.

3. Mit Freiheitsentziehung von 2 bis 10 Jahren wird der Täter bestraft, wenn die im Absatz 1 angeführte Tat einen schweren Nachteil an der Gesundheit oder den Tod zur Folge hat.

§ 230

Beraubung der persönlichen Freiheit

1. Wer einen andern der persönlichen Freiheit beraubt, wird mit Freiheitsentziehung von 5 bis 10 Jahren bestraft.

2. Mit Freiheitsentziehung von 10 bis 20 Jahren wird der Täter bestraft,
a) wenn die im Absatz 1 angeführte Tat einen schweren Nachteil an der Gesundheit oder den Tod zur Folge haben kann oder hat, oder
b) wenn ein anderer besonders erschwerender Umstand vorliegt.

§ 231

Verschleppung ins Ausland

1. Wer einen andern ins Ausland verschleppt, wird mit Freiheitsentziehung von 5 bis 10 Jahren bestraft.

2. Mit Freiheitsentziehung von 10 bis 20 Jahren wird der Täter bestraft,
a) wenn die im Absatz 1 angeführte Tat einen schweren Nachteil an der Gesundheit oder den Tod zur Folge haben kann oder hat, oder
b) wenn ein anderer besonders erschwerender Umstand vorliegt.

§ 232

Raub

1. Wer in dem Vorsatz, sich einer fremden Sache zu bemächtigen, gegen einen andern Gewalt anwendet oder ihm mit unmittelbarer Gewalttätigkeit droht, wird mit Freiheitsentziehung von 2 bis 10 Jahren bestraft.

2. Mit Freiheitsentziehung von 10 bis 20 Jahren wird der Täter bestraft,
a) wenn er die im Absatz 1 angeführte Tat als Mitglied einer Verbindung begeht,
b) wenn eine solche Tat einen schweren Nachteil an der Gesundheit zur Folge hat, oder
c) ein anderer besonders erschwerender Umstand vorliegt.

3. Mit Freiheitsentziehung von 15 bis 25 Jahren wird der Täter bestraft, wenn die im Absatz 1 angeführte Tat den Tod zur Folge hat.

§ 233

Erpressung

1. Wer einen andern mit Gewalt, durch Drohung mit Gewalttätigkeit oder Drohung mit einem andern schweren Nachteil, zwingt, etwas zu tun, zu unterlassen oder zu erdulden, wird mit Freiheitsentziehung bis zu 2 Jahren bestraft.

2. Mit Freiheitsentziehung von einem Jahr bis zu fünf Jahren wird der Täter bestraft,
a) wenn er die im Absatz 1 angeführte Tat mit einer Waffe begeht, oder
b) wenn ein anderer besonders erschwerender Umstand vorliegt.

§ 234

Einschränkung der Freiheit des Bekenntnisses

Wer mit Gewalt, durch Drohung mit Gewalttätigkeit oder Drohung mit einem andern schweren Nachteil
a) einen andern zur Teilnahme an einer religiösen Handlung zwingt,

b) einen andern unbefugt von einer solchen Teilnahme abhält, oder
c) einen andern sonstwie im Gebrauch der Freiheit des Bekenntnisses hindert,

wird mit Freiheitsentziehung von 6 Monaten bis zu 2 Jahren bestraft.

§ 235

Nötigung

Wer unter Mißbrauch der Notlage oder Abhängigkeit eines andern diesen zwingt, etwas zu tun, zu unterlassen oder zu erdulden, wird mit Freiheitsentziehung bis zu 6 Monaten bestraft.

§ 236

Verletzung der Freiheit des Hauses

1. Wer unter Anwendung von Gewalt oder unter Drohung mit unmittelbarer Gewalttätigkeit in das Haus oder die Wohnung eines andern eindringt,

wer unbefugt dort eindringt mit dem Vorsatz, dort Gewalt auszuüben, oder

wer unbefugt dort verweilt mit dem Vorsatz, dort Gewalt auszuüben, wird mit Freiheitsentziehung bis zu 2 Jahren bestraft.

2. Mit Freiheitsentziehung von einem bis zu 5 Jahren wird der Täter bestraft,

a) wenn er die im Absatz 1 angeführte Tat mit einer Waffe begeht,
b) wenn er eine solche Tat gemeinsam mit einem anderen begeht, oder
c) wenn ein anderer besonders erschwerender Umstand vorliegt.

§ 237

Verletzung des Briefgeheimnisses und des Geheimnisses beförderter Nachrichten

1. Wer vorsätzlich das Geheimnis

a) geschlossener Briefe oder anderer Schriftstücke, die mit der Post oder einem anderen Verkehrsmittel befördert werden, oder
b) von Nachrichten, die mittels Telefon, Telegraf oder einer anderen solchen öffentlichen Einrichtung weitergegeben werden,

verletzt, wird mit Freiheitsstrafe bis zu 3 Monaten bestraft.

2. Ein Angestellter des Post-, Telegrafen- oder Telefondienstes, der

a) eine im Absatz 1 angeführte Tat begeht,
b) einem andern vorsätzlich die Begehung einer solchen Tat ermöglicht, oder
c) ein durch die Post oder ein anderes Verkehrsmittel befördertes Schriftstück oder eine telegrafisch oder auf ähnliche Art weitergegebene Nachricht verändert oder unterdrückt,

wird mit Freiheitsentziehung bis zu 6 Monaten bestraft.

3. Wer mit dem Vorsatz, einem andern Schaden zuzufügen oder sich selbst oder einem andern einen unberechtigten Vorteil zu verschaffen,

a) ein Geheimnis, das er aus einem nicht für ihn bestimmten Schriftstück, Telegramm oder Telefongespräch erfahren hat, verrät, oder
b) ein solches Geheimnis ausnutzt,

wird mit Freiheitsentziehung bis zu einem Jahr bestraft.

Zweiter Abschnitt
Straftaten gegen die Menschenwürde

§ 238

Notzucht

1. Wer mit Gewalt oder durch Drohung mit unmittelbarer Gewalt ein Weib zum Beischlaf nötigt, oder

wer ihre Wehrlosigkeit zu einem solchen Zweck mißbraucht, wird mit Freiheitsentziehung von 5 bis 10 Jahren bestraft.

2. Mit Freiheitsentziehung von 10 bis 20 Jahren wird der Täter bestraft,

a) wenn eine im Absatz 1 angeführte Tat einen schweren Nachteil an der Gesundheit zur Folge hat, oder

b) wenn ein anderer besonders erschwerender Umstand vorliegt.

3. Mit Freiheitsentziehung von 15 bis 25 Jahren wird der Täter bestraft, wenn die im Absatz 1 angeführte Tat den Tod zur Folge hat.

Geschlechtlicher Mißbrauch

§ 239

1. Wer mit einer Person, die jünger als 15 Jahre ist, den Beischlaf ausübt, oder

wer eine solche Person auf andere Weise geschlechtlich mißbraucht, wird mit Freiheitsentziehung von einem bis zu zehn Jahren bestraft.

2. Mit Freiheitsentziehung von 10 bis 20 Jahren wird der Täter bestraft,

a) wenn eine im Absatz 1 angeführte Tat einen schweren Nachteil an der Gesundheit zur Folge hat, oder

b) wenn ein anderer besonders erschwerender Umstand vorliegt.

3. Mit Freiheitsentziehung von 15 bis 25 Jahren wird der Täter bestraft, wenn die im Absatz 1 angeführte Tat den Tod zur Folge hat.

§ 240

Wer eine Person, die jünger als 18 Jahre ist, oder eine seiner Aufsicht anvertraute Person unter Mißbrauch ihrer Abhängigkeit zu außerehelichem Beischlaf veranlaßt, oder

wer eine solche Person unter Mißbrauch ihrer Abhängigkeit auf andere Weise geschlechtlich mißbraucht,

wird mit Freiheitsentziehung von einem Jahr bis zu fünf Jahren bestraft.

§ 241

Geschlechtsverkehr mit einer Person desselben Geschlechts

1. Wer mit einer Person desselben Geschlechts geschlechtlich verkehrt, wird mit Freiheitsentziehung bis zu einem Jahr bestraft.

2. Mit Freiheitsentziehung von einem Jahr bis zu fünf Jahren wird der Täter bestraft, wenn er die im Absatz 1 angeführte Tat

a) mit einer Person, die jünger als 18 Jahre ist, oder

b) gegen Bezahlung begeht.

3. Wer sich zum Geschlechtsverkehr mit einer Person desselben Geschlechts gegen Bezahlung anbietet, wird mit Freiheitsentziehung von 6 Monaten bis zu 3 Jahren bestraft.

§ 242

Beischlaf zwischen Verwandten

Wer mit Verwandten in gerader Linie oder Geschwistern den Beischlaf ausübt, wird mit Freiheitsentziehung bis zu 2 Jahren bestraft.

§ 243

Mädchenhandel

1. Wer ein Weib ins Ausland lockt, anwirbt oder befördert, damit es dort zum Geschlechtsverkehr gebraucht werde, wird mit Freiheitsentziehung von einem Jahr bis zu fünf Jahren bestraft.

2. Mit Freiheitsentziehung von 5 bis 10 Jahren wird der Täter bestraft,
a) wenn er eine im Absatz 1 angeführte Tat begeht in der Absicht, daß das Weib zum Geschlechtsverkehr gegen Bezahlung gebraucht werde,
b) wenn er eine solche Tat an einem Weib, das jünger als 18 Jahre ist, begeht, oder
c) wenn ein anderer besonders erschwerender Umstand vorliegt.

§ 243 a

Kuppelei

Wer einen anderen dazu dingt, veranlaßt oder verführt, Prostitution zu betreiben, oder

die von einem anderen betriebene Prostitution ausbeutet,
wird mit Freiheitsentziehung von drei Monaten bis zu drei Jahren bestraft.

§ 244

Gefährdung der Sittlichkeit

1. Wer ein Druckwerk, einen Film, eine Abbildung oder einen anderen Gegenstand, der die Sittlichkeit gefährdet, in Verkehr bringt oder öffentlich zugänglich macht, oder

wer einen solchen Gegenstand zu diesem Zweck herstellt oder verwahrt,
wird mit Freiheitsentziehung bis zu 6 Monaten bestraft.

2. Mit Freiheitsentziehung bis zu einem Jahr wird der Täter bestraft,
a) wenn er eine im Absatz 1 angeführte Tat von bedeutendem Umfang begeht, oder
b) wenn er eine solche Tat erwerbsmäßig begeht.

ACHTES HAUPTSTÜCK

Straftaten wider das Vermögen

§ 245

Diebstahl von Vermögen in sozialistischem Eigentum*)

1. Wer Vermögen, das sich in sozialistischem Eigentum befindet, stiehlt, indem er
a) sich einer aus solchem Vermögen stammenden Sache bemächtigt mit dem Vorsatz, über sie wie über eine eigene zu verfügen,

*) Vgl. Gesetz vom 18. April 1957, Sb. Nr. 24, über die disziplinäre Verfolgung von Diebstahl und Beschädigung von Vermögen in sozialistischem Eigentum.

b) über eine aus solchem Vermögen stammende Sache, die ihm anvertraut wurde, wie über eine eigene verfügt, oder
c) auf Kosten eines solchen Vermögens sich oder einen anderen sonstwie ungerechtfertigt bereichert,

wird mit Freiheitsentziehung von drei Monaten bis zu fünf Jahren bestraft.

2. Mit Freiheitsentziehung von drei bis zehn Jahren wird der Täter bestraft,
a) wenn er die in Absatz 1 angeführte Tat erwerbsmäßig begeht,
b) wenn er eine solche Tat als Mitglied einer Verbindung begeht,
c) wenn er eine solche Tat begeht, obwohl er schon in den letzten fünf Jahren wegen einer solchen Tat zu einer unbedingten Strafe der Freiheitsentziehung verurteilt worden ist, oder
d) wenn ein anderer besonders erschwerender Umstand vorliegt.

3. Mit Freiheitsentziehung von fünf bis zu 15 Jahren wird der Täter bestraft, wenn durch die in Absatz 1 angeführte Tat ein bedeutender Schaden verursacht wird.

4. Mit Freiheitsentziehung von 10 bis 20 Jahren wird der Täter bestraft, wenn er durch die in Absatz 1 angeführte Tat, die er unter Mißbrauch seiner Stellung als öffentlicher Funktionär begangen hat, einen bedeutenden Schaden verursacht hat.

Beschädigung von Vermögen in sozialistischem Eigentum*)

§ 245 a

1. Wer an Vermögen, das sich in sozialistischem Eigentum befindet, vorsätzlich Schaden verursacht, insbesondere dadurch, daß er eine aus solchem Vermögen stammende Sache vernichtet, beschädigt oder unbrauchbar macht, wird mit Freiheitsentziehung von drei Monaten bis zu drei Jahren bestraft.

2. Mit Freiheitsentziehung von 3 bis 10 Jahren wird der Täter bestraft,
a) wenn durch die in Absatz 1 angeführte Tat ein bedeutender Schaden verursacht wird, oder
b) wenn ein anderer besonders erschwerender Umstand vorliegt.

§ 246

1. Wer an Vermögen, das sich in sozialistischem Eigentum befindet, aus Fahrlässigkeit einen nicht unwesentlichen Schaden verursacht, wird mit Freiheitsentziehung bis zu einem Jahr bestraft.

2. Mit Freiheitsentziehung von 6 Monaten bis zu 3 Jahren wird der Täter bestraft, wenn durch die in Absatz 1 angeführte Tat ein bedeutender Schaden verursacht wird.

§ 247

Diebstahl

1. Wer sich einer fremden Sache bemächtigt mit dem Vorsatz, über sie wie über eine eigene zu verfügen, wird mit Freiheitsentziehung bis zu 2 Jahren bestraft.

2. Mit Freiheitsentziehung von einem Jahr bis zu 10 Jahren wird der Täter bestraft,

a) wenn er die im Absatz 1 angeführte Tat erwerbsmäßig begeht,
b) wenn er bewaffnet eine solche Tat begeht,
c) wenn er versucht, unmittelbar nach einer solchen Tat mit Gewalt oder durch Drohung mit unmittelbarer Gewalttätigkeit sich im Besitz der Sache zu erhalten, oder
d) wenn ein anderer besonders erschwerender Umstand vorliegt.

§ 248

Veruntreuung

1. Wer über eine fremde ihm anvertraute Sache wie über eine eigene verfügt, wird mit Freiheitsentziehung bis zu 2 Jahren bestraft.

2. Mit Freiheitsentziehung von einem Jahr bis zu 10 Jahren wird der Täter bestraft,
a) wenn er die im Absatz 1 angeführte Tat als Vormund, Pfleger oder als andere Person, welche die Pflicht hat, die Interessen des Geschädigten zu wahren, begeht, oder
b) wenn ein anderer besonders erschwerender Umstand vorliegt.

§ 249

Betrug

1. Wer einen andern vorsätzlich an seinem Vermögen oder seinen Rechten schädigt, indem er
a) ihn oder einen andern in Irrtum führt, oder
b) dessen Irrtum oder den Irrtum eines andern ausnutzt,
wird mit Freiheitsentziehung bis zu 2 Jahren bestraft.

2. Mit Freiheitsentziehung von einem bis zu 10 Jahren wird der Täter bestraft,
a) wenn er eine im Absatz 1 angeführte Tat erwerbsmäßig begeht, oder
b) wenn ein anderer besonders erschwerender Umstand vorliegt.

Teilnehmung*)

§ 250

1. Wer eine Sache, die durch eine von einer andern Person begangene strafbare Handlung erlangt wurde, oder den Erlös für eine solche Sache vorsätzlich verhehlt oder an sich bringt oder einem andern übergibt, oder
wer eine solche Tätigkeit vermittelt,
wird mit Freiheitsentziehung bis zu einem Jahr bestraft.

2. Mit Freiheitsentziehung von einem Jahr bis zu 10 Jahren wird der Täter bestraft,
a) wenn er die im Absatz 1 angeführte Tat erwerbsmäßig begeht, oder
b) wenn ein anderer besonders erschwerender Umstand vorliegt.

§ 251

Wer eine Sache, die durch eine von einer andern Person begangene strafbare Handlung erlangt wurde, aus Fahrlässigkeit verhehlt oder an sich bringt oder einem andern übergibt, wird mit Freiheitsentziehung bis zu 6 Monaten bestraft.

---

*) S. Einleitung S. 19.

§ 252

Wucher

1. Wer unter Mißbrauch der Notlage, Unerfahrenheit, Verstandesschwäche oder Erregung eines andern sich oder einem andern eine Leistung, deren Wert zu dem Wert der Gegenleistung in grobem Mißverhältnis steht, gewähren oder versprechen läßt, oder

wer eine solche Forderung geltend macht oder mit dem Vorsatz, sie geltend zu machen, an sich bringt,

wird mit Freiheitsentziehung bis zu einem Jahr bestraft.

2. Mit Freiheitsentziehung von einem Jahr bis zu zehn Jahren wird der Täter bestraft,

a) wenn er eine im Absatz 1 angeführte Tat erwerbsmäßig begeht, oder
b) wenn ein anderer besonders erschwerender Umstand vorliegt.

§ 253

Untreue Verwaltung

1. Wer einen andern vorsätzlich dadurch schädigt, daß er eine durch das Gesetz ihm auferlegte oder vertraglich übernommene Pflicht, fremdes Vermögen zu betreuen oder zu verwalten, verletzt, wird mit Freiheitsentziehung bis zu einem Jahr bestraft.

2. Mit Freiheitsentziehung von einem Jahr bis zu fünf Jahren wird der Täter bestraft,

a) wenn er eine im Absatz 1 angeführte Tat als Vormund, Pfleger oder als andere Person, welche die besondere Pflicht hat, die Interessen des Geschädigten zu wahren, begeht, oder
b) wenn ein anderer besonders erschwerender Umstand vorliegt.

§ 254

Verheimlichung

1. Wer über eine fremde Sache, die durch Fund, Irrtum oder sonstwie ohne Einverständnis der berechtigten Person in seine Macht gelangt ist, wie über eine eigene verfügt, wird mit Freiheitsentziehung bis zu einem Jahr bestraft.

2. Mit Freiheitsentziehung von einem bis zu fünf Jahren wird der Täter bestraft, wenn eine im Absatz 1 angeführte Tat einen bedeutenden Schaden zur Folge hat.

§ 255

Beschädigung einer fremden Sache

1. Wer vorsätzlich eine fremde Sache vernichtet, beschädigt oder unbrauchbar macht, wird mit Freiheitsentziehung bis zu einem Jahr bestraft.

2. Mit Freiheitsentziehung von einem Jahr bis zu fünf Jahren wird der Täter bestraft,

a) wenn er eine im Absatz 1 angeführte Tat an der Sache eines öffentlichen Funktionärs begeht, weil dieser seine Funktionen ausübt,
b) wenn er eine solche Tat an der Sache eines Zeugen, Sachverständigen oder Dolmetschers wegen der Ausübung ihrer Pflichten begeht, oder
c) wenn ein anderer besonders erschwerender Umstand vorliegt.

§ 256

Wilderei

1. Wer vorsätzlich in ein fremdes Jagd- oder Fischereirecht*) eingreift, indem er

a) Wild jagt oder fischt, oder

b) Wild, Fische oder eine andere Sache, auf die sich diese Rechte beziehen, vernichtet, beschädigt, oder mit ihnen wie mit eigenen Sachen umgeht,

wird mit Freiheitsentziehung bis zu einem Jahr bestraft.

2. Mit Freiheitsentziehung von 3 Monaten bis zu 3 Jahren wird der Täter bestraft,

a) wenn er eine im Absatz 1 angeführte Tat erwerbsmäßig begeht,

b) wenn er eine solche Tat an Wild im Gehege oder zur Schonzeit begeht,

c) wenn eine solche Tat einen bedeutenden Schaden zur Folge hat, oder

d) wenn ein anderer besonders erschwerender Umstand vorliegt.

3. Mit Freiheitsentziehung von einem Jahr bis zu fünf Jahren wird der Täter bestraft, wenn er versucht, unmittelbar nach einer im Absatz 1 angeführten Tat mit Gewalt oder durch Drohung mit unmittelbarer Gewalttätigkeit sich im Besitz der Sache zu erhalten.

§ 257

Schädigung eines Gläubigers

1. Wer vorsätzlich auch nur eine teilweise Befriedigung seiner Gläubiger vereitelt, indem er

a) einen Bestandteil seines Vermögens vernichtet, beschädigt, verheimlicht, veräußert oder beiseite schafft,

b) ein nicht bestehendes Recht oder eine nicht bestehende Verpflichtung vorschützt oder anerkennt, oder

c) sonstwie sein Vermögen verringert,

wird mit Freiheitsentziehung bis zu einem Jahre bestraft.

2. Ebenso wird bestraft, wer vorsätzlich auch nur eine teilweise Befriedigung der Gläubiger eines andern vereitelt, indem er

a) einen Bestandteil des Vermögens des Schuldners vernichtet, beschädigt, verheimlicht, veräußert oder beiseite schafft,

b) ein nicht bestehendes Recht oder eine nicht bestehende Forderung gegen das Vermögen des Schuldners geltend macht, oder

c) sonstwie das Vermögen des Schuldners verringert.

3. Mit Freiheitsentziehung von 3 Monaten bis zu 3 Jahren wird der Täter bestraft, wenn die im Absatz 1 oder 2 angeführte Tat einen bedeutenden Schaden zur Folge hat.

§ 258

Unlauterer Wettbewerb*)

Wer durch eine Handlung, die in Widerspruch mit den Vorschriften zur Regelung des Wettbewerbs im wirtschaftlichen Verkehr oder mit den Gepflogenheiten des Wettbewerbs steht, vorsätzlich den wirtschaftlichen Gang oder die Entwicklung eines Unternehmens ernstlich gefährdet, wird mit Freiheitsentziehung bis zu einem Jahr bestraft.

---

*) Vgl. Jagdgesetz Nr. 225/1947 Sb., Fischereigesetz Nr. 62/1952 Sb.

§ 259

Verletzung des Marken- und Musterschutzrechtes*)

1. Wer vorsätzlich Ware, die unberechtigt mit einer Schutzmarke, an der das Ausschlußrecht einem andern zusteht, oder mit leicht damit verwechslungsfähigen Marken oder Zeichen bezeichnet ist, in den Handel bringt oder feilbietet, wird mit Freiheitsentziehung bis zu sechs Monaten bestraft.

2. Ebenso wird bestraft, wer Ware nach einem geschützten Muster, in bezug auf dessen Gebrauch einem andern das Ausschlußrecht zusteht, oder nach einem leicht damit verwechslungsfähigen Muster vorsätzlich in den Handel bringt, feilbietet, oder zum Zwecke der Erreichung eines wirtschaftlichen Vorteils herstellt.

§ 260

Verletzung des Patentrechts*)

Wer vorsätzlich in das Recht des Inhabers einer Erfindung in einer Weise eingreift, wie es nur dem Inhaber der Erfindung zusteht, wird mit Freiheitsentziehung bis zu 6 Monaten bestraft.

§ 261

Verletzung des Urheberrechts*)

Wer über ein Werk, das Gegenstand des Urheberrechts ist, unberechtigt vorsätzlich in einer Weise verfügt, wie es nur dem Urheber zusteht, wird mit Freiheitsentziehung bis zu 6 Monaten bestraft.

NEUNTES HAUPTSTÜCK

Straftaten wider die Wehrkraft

§ 262

Beeinträchtigung der Diensttauglichkeit

1. Wer sich oder einen andern vorsätzlich für dauernd oder Zeit untauglich oder minder tauglich zur Erfüllung der Wehrpflicht oder anderer Aufgaben der Verteidigung des Vaterlandes macht, wird mit Freiheitsentziehung von einem bis zu fünf Jahren bestraft.

2. Mit Freiheitsentziehung von 5 bis 10 Jahren wird der Täter bestraft, der eine im Absatz 1 angeführte Tat in einer Zeit erhöhter Gefährdung des Vaterlandes begeht.

§ 263

Nichterfüllung der Stellungspflicht

1. Wer mit dem Vorsatze, seiner Stellungspflicht nicht nachzukommen oder die Erfüllung dieser Pflicht hinauszuschieben, zur Stellung, Überprüfung oder Kranken- oder Auswahluntersuchung nicht erscheint, wird mit Freiheitsentziehung bis zu einem Jahr bestraft.

---

*) Vgl.: § 352 BGB Nr. 141/50 Sb. (unlauterer Wettbewerb); Gesetz Nr. 34/57 Sb. betr. Erfindungen, Entdeckungen und Verbesserungsvorschläge, dazu DVO 43—45/57; Gesetz Nr. 7/52 Sb. betr. Übergangsmaßnahmen auf dem Gebiete der Patente; Gesetz Nr. 8/52 Sb., über den Schutz von Warenzeichen, Marken und Gebrauchsmustern, dazu DVO Nr. 15/52 Sb.; Urhebergesetz Nr. 115/53 Sb.

2. Mit Freiheitsentziehung von 6 Monaten bis zu 3 Jahren wird der Täter bestraft, wenn er eine im Absatz 1 angeführte Tat in einer Zeit erhöhter Gefährdung des Vaterlandes begeht.

§ 264

Umgehung der Wehrpflicht

1. Wer arglistig handelt mit dem Vorsatz, sich Erleichterungen in der Erfüllung seiner Wehrpflicht zu verschaffen, wird mit Freiheitsentziehung bis zu einem Jahr bestraft.

2. Wer arglistig handelt mit dem Vorsatz,

a) der Erfüllung seiner Wehrpflicht ganz oder teilweise zu entgehen, oder

b) einen andern ganz oder teilweise der Erfüllung der Wehrpflicht zu entziehen,

wird mit Freiheitsentziehung von 6 Monaten bis zu 2 Jahren bestraft.

3. Mit Freiheitsentziehung von einem bis zu fünf Jahren wird der Täter bestraft, wenn er eine im Absatz 1 oder 2 angeführte Tat in einer Zeit erhöhter Gefährdung des Vaterlandes begeht.

Nichtantritt des Dienstes in der Wehrmacht

§ 265

1. Wer mit dem Vorsatz, sich dauernd der Ableistung des Militärdienstes oder eines besonderen Dienstes zu entziehen, binnen 24 Stunden nach Ablauf der im Einberufungsbefehl festgesetzten Frist den Dienst in der Wehrmacht nicht antritt, wird mit Freiheitsentziehung von einem bis zu fünf Jahren bestraft.

2. Mit Freiheitsentziehung von 2 bis 10 Jahren wird der Täter bestraft,

a) wenn er die im Absatz 1 angeführte Tat in einer Zeit erhöhter Gefährdung des Vaterlandes begeht, oder

b) wenn ein anderer besonders erschwerender Umstand vorliegt.

§ 266

1. Wer auch nur aus Fahrlässigkeit den Dienst in der Wehrmacht binnen 24 Stunden nach Ablauf der im Einberufungsbefehl festgesetzten Frist nicht antritt, wird mit Freiheitsentziehung von 3 Monaten bis zu 2 Jahren bestraft.

2. Mit Freiheitsentziehung von 6 Monaten bis zu 3 Jahren wird der Täter bestraft, der die im Absatz 1 angeführte Tat in einer Zeit erhöhter Gefährdung des Vaterlandes begeht.

§ 267

Wer nach Verkündung der Mobilmachung auch nur aus Fahrlässigkeit

a) nicht unverzüglich aus dem Ausland zum Antritt des Militärdienstes sich einfindet, oder

b) der nach den Bestimmungen des Wehrgesetzes erfolgten Aufforderung zum Eintritt in die Militärdienste eines verbündeten Staates nicht Folge leistet,

wird mit Freiheitsentziehung von 6 Monaten bis zu 3 Jahren bestraft.

§ 268

Verletzung persönlicher und sachlicher Pflichten

1. Wer vorsätzlich

a) eine persönliche oder sachliche Pflicht zur Verteidigung des Vaterlandes nicht erfüllt,

b) der Erfüllung einer solchen Pflicht ausweicht, oder

c) die Erfüllung einer solchen Pflicht durch eine andere Person vereitelt oder erschwert,

wird mit Freiheitsentziehung von 3 Monaten bis zu 3 Jahren bestraft.

2. Mit Freiheitsentziehung von 2 bis 10 Jahren wird der Täter bestraft,

a) wenn er eine im Absatz 1 angeführte Tat als Mitglied einer Verbindung begeht,

b) wenn durch eine solche Tat in bedeutendem Maße die Interessen der Verteidigung des Vaterlandes gefährdet werden, oder

c) wenn ein anderer besonders erschwerender Umstand vorliegt.

ZEHNTES HAUPTSTÜCK

Militärstraftaten

§ 269

Einführungsbestimmungen

1. Militärstraftaten sind strafbare Handlungen, durch welche die militärische Disziplin oder vorgeschriebene Ausübung des Militärdienstes gestört werden.

2. Unmittelbarer Täter oder Mittäter von Militärstraftaten kann nur sein:

a) ein Soldat im Dienste[1]),

b) eine Person, die durch Einberufung zu einem Sonderdienst Angehöriger der Wehrmacht geworden ist,

c) ein Angehöriger einer militärisch organisierten oder anderen Formation[2]), deren Angehörige nach besonderen Gesetzen den Bestimmungen über Militärstraftaten unterliegen, im Dienst,

d) ein Soldat und ein Angehöriger einer unter Buchst. c) angeführten Formation, außer Dienst, wenn sie in Dienstuniform sind, oder

e) ein Kriegsgefangener.

3. Die Bestimmungen dieses Hauptstücks beziehen sich auf einen Anstifter und Gehilfen auch dann, wenn dieser keine im Absatz 2 angeführte Person ist.

4. Wo dieses Hauptstück von Soldaten, Militärdienst, militärischer Disziplin und militärischen Pflichten handelt, werden darunter die im Absatz 2 angeführten Personen, ihr Dienst, ihre Disziplin und ihre Pflichten verstanden.

---

[1]) Soldaten im (aktiven) Dienst sind Personen, die ihre militärische Grundausbildung, einen Ersatzdienst oder weiteren Dienst ableisten; ferner Berufssoldaten und die Berufssoldaten im Ruhestand (nicht Militärpensionisten!), die vorübergehend zum Dienst einberufen wurden; schließlich Personen, die militärische Übungen oder einen außerordentlichen Dienst (§ 20 Abs. 2 und 4 Wehrges.) ableisten.

[2]) Vgl. Einleitung S. 18 und 19.

Erster Abschnitt

Strafbare Handlungen wider die Pflicht zur Ausübung des Militärdienstes

Drücken von der Dienstpflicht

§ 270

1. Wer sich vorsätzlich der Erfüllung der Dienstpflicht oder einer Dienstleistung entzieht, indem er

a) sich an der Gesundheit schädigt, sich betrinkt oder sich sonst dienstuntauglich macht, oder

b) eine Urkunde fälscht, eine Krankheit vorschützt, sich eines anderen Schlichs bedient oder sich auf eine religiöse oder andere Überzeugung beruft,

wird mit Freiheitsentziehung bis zu 5 Jahren bestraft.

2. Mit Freiheitsentziehung von 3 bis 10 Jahren wird der Täter bestraft,

a) wenn er eine im Absatz 1 angeführte Tat mit dem Vorsatz begeht, sich der Erfüllung einer besonders wichtigen Dienstpflicht oder einer besonders wichtigen Dienstübung zu entziehen, oder

b) wenn ein anderer besonders erschwerender Umstand vorliegt.

3. Mit Freiheitsentziehung von 25 Jahren oder mit dem Tode wird der Täter bestraft, wenn er eine im Absatz 1 angeführte Tat während eines Krieges oder während einer Kampfhandlung begeht.

§ 271

1. Wer durch Betrinken fahrlässig sich außerstande setzt, den Dienst anzutreten oder auszuüben, wird mit Freiheitsentziehung bis zu 6 Monaten bestraft.

2. Mit Freiheitsentziehung von 6 Monaten bis zu 2 Jahren wird der Täter bestraft,

a) wenn die im Absatz 1 angeführte Tat besonders schwere Folgen hat, oder

b) wenn ein anderer besonders erschwerender Umstand vorliegt.

3. Mit Freiheitsentziehung von 2 bis 10 Jahren wird der Täter bestraft, wenn er die im Absatz 1 angeführte Tat während einer Kampfhandlung begeht.

4. Mit Freiheitsentziehung von 25 Jahren oder mit dem Tode wird der Täter bestraft, wenn er die im Absatz 1 angeführte Tat während einer Kampfhandlung als Befehlshaber begeht und die Tat besonders schwere Folgen hat.

§ 272

Eigenmächtige Entfernung

1. Wer sich eigenmächtig auf die Dauer von mehr als 24 Stunden entfernt (§ 306), wird mit Freiheitsentziehung bis zu 6 Monaten bestraft.

2. Wer sich eigenmächtig

a) nach vorgefaßtem Plan,

b) auf länger als 6 Tage, oder

c) auf die Dauer von mehr als 2 Tagen in einer Zeit erhöhter Ausübung von Dienstaufgaben, insbesondere bei einer Schlußübung, Sammlung, militärischen Hilfeleistung oder bei ähnlichen Gelegenheiten

entfernt, wird mit Freiheitsentziehung bis zu einem Jahr bestraft.

3. Mit Freiheitsentziehung von einem bis zu 5 Jahren wird der Täter bestraft, wenn er eine im Absatz 1 angeführte Tat während eines Krieges begeht.

Fahnenflucht

§ 273

1. Wer sich eigenmächtig entfernt (§ 306)

a) mit dem Vorsatz, sich dauernd dem Militärdienst zu entziehen,

b) auf die Dauer von mehr als 14 Tagen, oder

c) auf die Dauer von mehr als 6 Tagen in einer Zeit erhöhter Ausübung von Dienstaufgaben, insbesondere bei einer Schlußübung, Sammlung, militärischen Hilfeleistung oder bei ähnlichen Gelegenheiten,

wird mit Freiheitsentziehung von einem bis zu 5 Jahren bestraft.

2. Mit Freiheitsentziehung von 2 bis 10 Jahren wird der Täter bestraft,

a) wenn er mindestens mit zwei anderen Soldaten oder als Berufssoldat desertiert,

b) wenn er desertiert und hierbei eine wichtige Dienstverrichtung unterläßt,

c) wenn er wegen Fahnenflucht schon bestraft wurde, oder

d) wenn ein anderer besonders erschwerender Umstand vorliegt.

3. Mit Freiheitsentziehung von 5 bis 20 Jahren wird der Täter bestraft, wenn er ins Ausland desertiert.

§ 274

Wer während eines Krieges oder einer Kampfhandlung

a) mit dem Vorsatze, sich dauernd dem Militärdienst zu entziehen, oder

b) für eine Zeit von mehr als 2 Tagen

sich eigenmächtig entfernt (§ 306), wird mit Freiheitsentziehung von 25 Jahren oder mit dem Tode bestraft.

§ 275

Verbindung zur Fahnenflucht

1. Wer sich mit mindestens zwei Soldaten zur Fahnenflucht (§§ 273 und 274) verbindet, wird mit Freiheitsentziehung von 3 Monaten bis zu 3 Jahren bestraft.

2. Mit Freiheitsentziehung von 3 bis 10 Jahren wird der Täter bestraft, wenn Zweck der in Absatz 1 angeführten Tat die Fahnenflucht ins Ausland ist.

3. Mit Freiheitsentziehung von 5 bis 20 Jahren wird der Täter bestraft,

a) wenn er die in Absatz 1 angeführte Tat während eines Krieges oder einer Kampfhandlung begeht, oder

b) wenn Zweck einer solchen Tat die Fahnenflucht zum Feinde ist.

Zweiter Abschnitt

Strafbare Handlungen wider die militärische Unterordnung und die Soldatenehre

§ 276

Meuterei

1. Wer an der Tätigkeit einer Gruppe teilnimmt, die sich gegen einen Vorgesetzten, dessen Befehl, dessen Dienstanordnung oder gegen ihre militärischen Pflichten auflehnt, wird mit Freiheitsentziehung von einem bis zu fünf Jahren bestraft.

2. Mit Freiheitsentziehung von 5 bis 20 Jahren wird der Täter bestraft,

a) wenn bei einer im Absatz 1 angeführten Tat Gewalt angewendet wurde,

b) wenn es zur Unterdrückung einer solchen Tat außerordentlicher Machtmittel bedarf, oder

c) wenn eine solche Tat besonders schwere Folgen haben kann oder hat.

3. Wenn eine im Absatz 1 angeführte Tat während einer Kampfhandlung begangen wird oder wenn bei einer solchen während eines Krieges begangenen Tat einer der im Absatz 2 angeführten Umstände vorliegt, werden diejenigen, die die Tat angezettelt haben, und die Hauptteilnehmer mit Freiheitsentziehung von 25 Jahren oder mit dem Tode und die übrigen Täter mit Freiheitsentziehung von 10 bis 25 Jahren bestraft.

§ 277

Verbindung zur Meuterei

Wer sich mit einem andern zur Durchführung oder Planung einer Meuterei (§ 276) verbindet, wird mit Freiheitsentziehung von 6 Monaten bis zu 5 Jahren bestraft.

§ 278

Nichtbefolgung eines Befehls

1. Wer es ablehnt, den Befehl eines Vorgesetzten auszuführen, oder auch nur fahrlässig ihn nicht ausführt, wird mit Freiheitsentziehung bis zu einem Jahre bestraft.

2. Mit Freiheitsentziehung von einem Jahr bis zu zehn Jahren wird der Täter bestraft,

a) wenn eine im Absatz 1 angeführte Tat besonders schwere Folgen hat, oder

b) wenn ein anderer besonders erschwerender Umstand vorliegt.

3. Mit Freiheitsentziehung von 25 Jahren oder mit dem Tode wird der Täter bestraft, wenn er eine im Absatz 1 angeführte Tat vorsätzlich begeht,

a) während einer Kampfhandlung oder

b) während eines Krieges und wenn einer der im Absatz 2 angeführten Umstände vorliegt.

§ 279

Widersetzung

1. Wer einem Soldaten, der seine Dienstpflicht erfüllt, Widerstand leistet, wird mit Freiheitsentziehung bis zu einem Jahre bestraft.

2. Mit Freiheitsentziehung von einem bis zu zehn Jahren wird der Täter bestraft,

a) wenn er die im Absatz 1 angeführte Tat mit einer Waffe oder mit Gewalt begeht,
b) wenn er eine solche Tat gemeinsam mit mindestens zwei Personen begeht,
c) wenn er durch eine solche Tat denjenigen, dem er Widerstand leistet, an der Gesundheit beschädigt, oder
d) wenn ein anderer besonders erschwerender Umstand vorliegt.

3. Mit Freiheitsentziehung von 25 Jahren oder mit dem Tode wird der Täter bestraft,
a) wenn die im Absatz 1 angeführte Tat den Tod zur Folge hat, oder
b) wenn er eine solche Tat während einer Kampfhandlung begeht und einer der im Absatz 2 angeführten Umstände vorliegt.

§ 280

Nötigung zu einer Dienstpflichtverletzung

1. Wer einen Soldaten, der seine Dienstpflicht erfüllt, zur Verletzung dieser Pflicht nötigt, wird mit Freiheitsentziehung von einem bis zu fünf Jahren bestraft.

2. Mit Freiheitsentziehung von 5 bis 10 Jahren wird der Täter bestraft,
a) wenn er die im Absatz 1 angeführte Tat mit einer Waffe oder mit Gewalt begeht,
b) wenn er eine solche Tat gemeinsam mit mindestens 2 Personen begeht,
c) wenn er durch eine solche Tat denjenigen, den er nötigt, an der Gesundheit beschädigt, oder
d) wenn ein anderer besonders erschwerender Umstand vorliegt.

3. Mit Freiheitsentziehung von 25 Jahren oder mit dem Tode wird der Täter bestraft,
a) wenn die im Absatz 1 angeführte Tat den Tod zur Folge hat, oder
b) wenn er eine solche Tat während einer Kampfhandlung begeht und einer der im Absatz 2 angeführten Umstände vorliegt.

§ 281

Verletzung von Vorschriften und Anordnungen

Wer auch nur fahrlässig eine Dienstvorschrift oder dienstliche Anordnung verletzt, obwohl er wegen einer ähnlichen Tat schon wenigstens zweimal disziplinarisch bestraft wurde, wird mit Freiheitsentziehung bis zu einem Jahr bestraft.

Beleidigungen unter Militärpersonen*)

§ 282

Wer
a) einen Vorgesetzten oder Dienstälteren,
b) einen Untergebenen oder Dienstjüngeren, oder
c) einen Soldaten gleichen Ranges zu einer Zeit, da er selbst oder da der Beleidigte Dienst ausübt,

beleidigt, wird mit Freiheitsentziehung bis zu 6 Monaten bestraft.

---

*) Einfache Ehrenbeleidigungen (unter Zivilpersonen) sind nur nach § 133 des VerwStG strafbar.

§ 283

1. Wer mit Gewalt oder durch Drohung mit unmittelbarer Gewalt
a) einen Vorgesetzten oder Dienstälteren, oder
b) einen Untergebenen oder Dienstjüngeren
beleidigt, wird mit Freiheitsentziehung bis zu einem Jahr bestraft.

2. Mit Freiheitsentziehung von einem bis zu 5 Jahren wird der Täter bestraft,
a) wenn er eine im Absatz 1 angeführte Tat zu einer Zeit, da er selbst oder da der Beleidigte im Dienste ist, begeht,
b) wenn er eine solche Tat gegen eine militärische Wache begeht,
c) wenn er eine solche Tat mit einer Waffe oder gemeinsam mit wenigstens zwei Personen begeht,
d) wenn er durch eine solche Tat den Beleidigten an der Gesundheit beschädigt, oder
e) wenn ein anderer besonders erschwerender Umstand vorliegt.

§ 284

1. Wer mit Gewalt oder durch Drohung mit unmittelbarer Gewalt einen Soldaten gleichen Ranges zu einer Zeit, da er selbst oder der Beleidigte im Dienste ist, beleidigt, wird mit Freiheitsentziehung bis zu einem Jahr bestraft.

2. Mit Freiheitsentziehung von einem Jahr bis zu 5 Jahren wird der Täter bestraft,
a) wenn er eine im Absatz 1 angeführte Tat gegen eine militärische Wache begeht,
b) wenn er eine solche Tat mit einer Waffe oder gemeinsam mit wenigstens zwei Personen begeht,
c) wenn er durch eine solche Tat den Beleidigten an der Gesundheit beschädigt, oder
d) wenn ein anderer besonders erschwerender Umstand vorliegt.

Dritter Abschnitt

Strafbare Handlungen gegen Pflichten des Wach- und Aufsichtsdienstes

§ 285

Verletzung einer Wachdienstpflicht

1. Wer beim Wachdienst oder bei einem anderen ähnlichen Dienste auch nur fahrlässig die Ordnungsregeln dieses Dienstes oder danach gegebene besondere Anordnungen verletzt, wird mit Freiheitsentziehung bis zu einem Jahre bestraft.

2. Mit Freiheitsentziehung von einem Jahre bis zu fünf Jahren wird der Täter bestraft,
a) wenn er eine im Absatz 1 angeführte Tat bei Ausübung eines Wachdienstes, der besonders wichtige staatliche, wirtschaftliche oder militärische Bedeutung hat, begeht, und dadurch den Zweck dieses Dienstes gefährdet,

b) wenn durch eine solche Tat schädliche Folgen, auf deren Abwendung die Ausübung des Wachdienstes oder anderen ähnlichen Dienstes gerichtet war, verursacht wurden, oder

c) wenn ein anderer besonders erschwerender Umstand vorliegt.

3. Mit Freiheitsentziehung von 25 Jahren oder mit dem Tode wird der Täter bestraft, wenn er vorsätzlich eine im Absatz 1 angeführte Tat während des Krieges oder einer Kampfhandlung begeht und einer der im Absatz 2 angeführten Umstände vorliegt.

§ 286

Verletzung einer Aufsichtspflicht

1. Wer beim Aufsichtsdienst oder bei einem anderen ähnlichen Dienst auch nur fahrlässig die Ordnungsregeln dieses Dienstes verletzt, wird mit Freiheitsentziehung bis zu 6 Monaten bestraft.

2. Mit Freiheitsentziehung von 3 Monaten bis zu 2 Jahren wird der Täter bestraft, wenn die in Absatz 1 angeführte Tat die schädlichen Folgen hat, deren Abwendung zu den Pflichten des Täters gehörte.

3. Mit Freiheitsentziehung von einem bis zu fünf Jahren wird der Täter bestraft, wenn er die in Absatz 1 angeführte Tat während eines Krieges oder einer Kampfhandlung begeht.

Vierter Abschnitt

Strafbare Handlungen gegen die Pflichten eines Befehlshabers

Verletzung der Pflichten eines Befehlshabers

§ 287

Ein Befehlshaber, der

a) sich mit seiner Einheit dem Feinde ergibt,

b) seine Einheit, seinen Standort oder einen befestigten Ort dem Feinde übergibt, oder

c) während einer Kampfhandlung seine Einheit, seinen Standort oder einen befestigten Ort verläßt,

und nicht zuvor alles getan hat, was die militärischen Regeln ihm vorschreiben, wird mit Freiheitsentziehung von 25 Jahren oder mit dem Tode bestraft.

§ 288

1. Ein Befehlshaber, der während einer Kampfhandlung eine ihm anvertraute Befestigung, ein ihm anvertrautes Lager, ihm anvertraute Waffen oder anderes ihm anvertrautes Material militärischen Regeln zuwider nicht vernichtet oder unbrauchbar macht und dadurch bewirkt, daß sich der Feind ihrer bemächtigt, wird mit Freiheitsentziehung von 10 bis 20 Jahren bestraft.

2. Der Täter wird mit Freiheitsentziehung von 25 Jahren oder mit dem Tode bestraft,

a) wenn eine im Absatz 1 angeführte Tat besonders schwere Folgen hat, oder

b) wenn ein anderer besonders erschwerender Umstand vorliegt.

§ 288 a

1. Ein Befehlshaber*), der mit dem Vorsatze, einem anderen Schaden zuzufügen oder sich oder einem andern einen unberechtigten Vorteil zu verschaffen, die Pflichten, die sich aus seiner Funktion als Befehlshaber ergeben, verletzt, wird mit Freiheitsentziehung bis zu einem Jahre bestraft.

2. Mit Freiheitsentziehung von 6 Monaten bis zu 5 Jahren wird der Täter bestraft,

a) wenn er eine in Absatz 1 angeführte Tat begeht und diese zur Folge hat, daß die Kampffähigkeit oder Bereitschaft der Einheit gefährdet, eine wichtige Aufgabe nicht erfüllt, anvertrautes Material gefährdet wird oder eine andere schwere Folge eintritt, oder

b) wenn er eine solche Tat nach vorgefaßtem Plan begeht.

3. Mit Freiheitsentziehung von 2 bis 10 Jahren wird der Täter bestraft, wenn er eine in Absatz 1 angeführte Tat während eines Krieges oder einer Kampfhandlung begeht und einer der in Absatz 2 angeführten Umstände vorliegt.

4. Mit Freiheitsentziehung von 25 Jahren oder mit dem Tode wird der Täter bestraft, wenn er eine in Absatz 1 angeführte Tat während eines Krieges oder einer Kampfhandlung begeht und die Tat besonders schwere Folgen hat.

§ 288 b

1. Ein Befehlshaber*), der auch nur fahrlässig die Pflichten, die sich aus seiner Funktion als Befehlshaber ergeben, nicht erfüllt und dadurch eine Gefährdung der Kampffähigkeit oder Bereitschaft der Einheit, die Nichterfüllung einer wichtigen Aufgabe, die Gefährdung anvertrauten Materials oder eine andere schwere Folge verursacht, wird mit Freiheitsentziehung bis zu einem Jahre bestraft.

2. Mit Freiheitsentziehung von einem Jahre bis zu fünf Jahren wird der Täter bestraft, wenn er eine in Absatz 1 angeführte Tat während eines Krieges oder einer Kampfhandlung begeht.

§ 289

(aufgehoben)

§ 290

Unberechtigte Beschränkung eines Untergebenen

1. Ein Vorgesetzter, der

a) unberechtigt politische oder andere Rechte eines Untergebenen oder der Familie eines Untergebenen einschränkt,

b) einen Untergebenen quält, insbesondere durch unnötige Erschwerung des Dienstes, oder

c) solche Handlungen bei Untergebenen duldet,

wird mit Freiheitsentziehung von 6 Monaten bis zu 3 Jahren bestraft.

2. Mit Freiheitsentziehung von einem Jahr bis zu fünf Jahren wird der Täter bestraft,

a) wenn er eine im Absatz 1 angeführte Tat planmäßig begeht, oder

b) wenn ein anderer besonders erschwerender Umstand vorliegt.

---

*) Vgl. Einleitung S. 19.

§ 291

Verwendung eines Untergebenen für private Dienste

Ein Vorgesetzter, der unberechtigt einen Untergebenen für private Dienste verwendet, wird mit Freiheitsentziehung bis zu 6 Monaten bestraft.

Fünfter Abschnitt

Straftaten, die die Kampftätigkeit gefährden

Sachmittelgefährdung

§ 292

1. Wer einen Bestandteil der Ausrüstung, Ausstattung oder anderen Materials, das ihm für die Ausübung des Dienstes oder zum persönlichen Gebrauch anvertraut ist, seiner dienstlichen Bestimmung entzieht, insbesondere dadurch, daß er ihn entwendet, zurückhält oder vernichtet oder beschädigt, wird mit Freiheitsentziehung bis zu fünf Jahren bestraft.

2. Mit Freiheitsentziehung von 3 bis 10 Jahren wird der Täter bestraft,

a) wenn er eine in Absatz 1 angeführte Tat begeht und diese einen bedeutenden Schaden zur Folge hat, oder

b) wenn ein anderer besonders erschwerender Umstand vorliegt.

3. Mit Freiheitsentziehung von 25 Jahren oder mit dem Tode wird der Täter bestraft, wenn er eine in Absatz 1 angeführte Tat während eines Krieges begeht und die Tat eine besonders schwere Folge hat.

§ 292 a

Wer an einem Bestandteil der Ausrüstung, Ausstattung oder anderen Materials, das ihm für die Ausübung des Dienstes oder zu seinem persönlichen Gebrauch anvertraut ist, aus Fahrlässigkeit einen nicht unwesentlichen Schaden verursacht, wird mit Freiheitsentziehung bis zu einem Jahre bestraft.

§ 293

(aufgehoben)

Gefährdung des Kampfgeistes

§ 294

1. Wer mindestens vor zwei Soldaten durch seine Äußerungen oder auf andere Weise gegen den Dienst oder einen Vorgesetzten hetzt, oder

wer unter Soldaten Kleinmut verbreitet oder ihre Kampffähigkeit auf andere Weise unterwühlt,

wird mit Freiheitsentziehung von 6 Monaten bis zu 3 Jahren bestraft.

2. Mit Freiheitsentziehung von einem bis zu 5 Jahren wird der Täter bestraft,

a) wenn eine im Absatz 1 angeführte Tat eine Gehorsamsverweigerung zur Folge hat, oder

b) wenn ein anderer besonders erschwerender Umstand vorliegt.

3. Mit Freiheitsentziehung von 25 Jahren oder mit dem Tode wird der Täter bestraft, wenn er eine im Absatz 1 angeführte Tat während einer Kampfhandlung begeht und wenn die Tat besonders schwere Folgen hat.

§ 295

Wer während des Kampfes

a) eigenmächtig den Kampfplatz verläßt,
b) sich gefangen gibt,
c) den Gebrauch der Waffe ablehnt, oder
d) andere zur Flucht oder zu eigenmächtigem Verlassen des Kampfplatzes auffordert,

wird mit Freiheitsentziehung von 25 Jahren oder mit dem Tode bestraft.

§ 296

1. Wer während einer Kampfhandlung

a) eigenmächtig seine Einheit oder den ihm angewiesenen Platz verläßt, oder sich verbirgt, oder
b) eine Waffe oder anderes Kriegsmaterial wegwirft, verläßt, dem Verderben aussetzt oder sonstwie unbrauchbar macht,

wird mit Freiheitsentziehung von 5 bis 20 Jahren bestraft.

2. Mit Freiheitsentziehung von 25 Jahren oder mit dem Tode wird der Täter bestraft,

a) wenn eine im Absatz 1 angeführte Tat besonders schwere Folgen hat, oder
b) wenn ein anderer besonders erschwerender Umstand vorliegt.

§§ 297 und 298
(aufgehoben)

Sechster Abschnitt

Strafbare Handlungen gegen Kriegsgebräuche

§ 299

Gewalttätigkeit gegen die Bevölkerung

1. Wer im Raume kriegerischer Operationen raubt, mutwillig Eigentum zerstört oder sich sonst einer Gewalttat gegen die Bevölkerung schuldig macht oder ihr unter dem Vorwand eines Kriegsbedarfs Eigentum abnimmt, wird mit Freiheitsentziehung von 6 Monaten bis zu 5 Jahren bestraft.

2. Mit Freiheitsentziehung von 3 bis 10 Jahren wird der Täter bestraft, wenn er eine im Absatz 1 angeführte Tat als Mitglied einer bewaffneten Bande begeht.

3. Mit Freiheitsentziehung von 25 Jahren oder mit dem Tode wird der Täter bestraft,

a) wenn die im Absatz 1 angeführte Tat eine drohende Notlage vieler Menschen zur Folge hat, oder
b) wenn ein anderer besonders erschwerender Umstand vorliegt.

§ 300

Fledderei

Wer auf einem Kampfplatz Sachen, die Verwundete oder Gefallene an sich oder bei sich haben, sich aneignet, wird mit Freiheitsentziehung von 6 Monaten bis zu 5 Jahren bestraft.

§ 301

Gebrauch eines verbotenen Kampfmittels

1. Wer während eines Krieges vorsätzlich ein verbotenes Kampfmittel anwendet, wird mit Freiheitsentziehung von 6 Monaten bis zu 5 Jahren bestraft.

2. Mit Freiheitsentziehung von 5 bis 10 Jahren wird der Täter bestraft, wenn die im Absatz 1 angeführte Tat besonders schwere Folgen hat.

§ 302

Verletzung eines Parlamentärs

Wer einen Parlamentär oder in dessen Gegenwart ein Mitglied seiner Begleitung verletzt, oder

wer eine dieser Personen widerrechtlich zurückhält,

wird mit Freiheitsentziehung bis zu 2 Jahren bestraft.

§ 303

Rohe Behandlung eines Gefangenen

1. Wer einen Gefangenen roh behandelt, wird mit Freiheitsentziehung bis zu einem Jahr bestraft.

2. Mit Freiheitsentziehung von 6 Monaten bis zu 3 Jahren wird der Täter bestraft, wenn er die im Absatz 1 angeführte Tat

a) wiederholt oder mit besonderer Grausamkeit, oder

b) gegen einen verwundeten oder kranken Gefangenen begeht.

Siebenter Abschnitt

Gemeinsame Bestimmungen

§ 304

(aufgehoben)

§ 305*)

Wenn die Umstände des Falles es rechtfertigen, können die in § 271 Abs. 1, § 272 Abs. 1 und 2, § 278 Abs. 1, § 279 Abs. 1, §§ 281 und 282, § 283 Abs. 1, § 284 Abs. 1, § 285 Abs. 1, § 286 Abs. 1, § 288 a Abs. 1, § 288 b Abs. 1, § 291, § 292 a, § 302 und § 303 Abs. 1 angeführten Straftaten, und wenn durch die Tat nur ein unwesentlicher Schaden entstanden ist, kann auch die in § 292 Abs. 1 angeführte Straftat disziplinär erledigt werden.

§ 306

Eigenmächtig entfernt sich, wer

a) sich ohne Erlaubnis von seiner Einheit oder von dem Ort, in den er dienstlich zugeteilt worden ist, entfernt.

b) sich nicht bei seiner Einheit oder an dem Orte, wohin er dienstlich zugeteilt wurde, meldet, obwohl er dorthin gesandt worden ist oder obwohl die Zeit seiner begründeten Abwesenheit, insbesondere bei einer Einsetzung, Versetzung, Dienstreise oder bei einem Urlaub, verstrichen ist,

---

*) Vgl. Gesetz vom 12. 7. 1950, Nr. 85 Sb., über Militärdisziplinarstrafrecht.

c) während einer Kampfhandlung von seiner Einheit versprengt wurde und sich nach Wegfall der Ursache seiner Versprengung nicht seiner oder einer anderen militärischen Einheit anschließt, oder

d) nach Rückkehr oder Befreiung aus feindlicher Gefangenschaft sich nicht bei einer militärischen Einheit meldet.

§ 307

Wenn eine Straftat den Verlust eines militärischen Pfandes zur Folge hat, wird dieser Umstand als besonders erschwerender Umstand angesehen.

§ 308

Wer sich in den Grenzen seiner Befugnisse einer Waffe nach den hierfür geltenden Vorschriften bedient, macht sich einer strafbaren Handlung nicht schuldig.

Schlußbestimmungen

§ 309

1. Die vor Inkrafttreten dieses Gesetzes rechtskräftig verhängten Strafen werden nach den bisher geltenden Vorschriften vollstreckt; die Bestimmungen dieses Gesetzes über Zweck und Vollzug der Strafe der Freiheitsentziehung, über bedingte Verurteilung und Strafvollstreckungsverjährung finden auch in diesen Fällen Anwendung.

2. Eine Strafe, die wegen einer Straftat, die weder eine strafbare Handlung nach diesem Gesetz noch eine Übertretung nach dem Verwaltungsstrafgesetz ist, rechtskräftig verhängt wurde, ist nicht zu vollstrecken; die Bestimmungen dieses Gesetzes über die Zusatzstrafe finden in einem solchen Falle keine Anwendung.

3. Die Bestimmung des Absatzes 2 bezieht sich nicht auf Straftaten nach dem Dekret des Präsidenten der Republik Nr. 16/1945 über die Bestrafung nazistischer Verbrecher, Verräter und ihrer Helfer, und über die außerordentlichen Volksgerichte, und nach der Verordnung des Slowakischen Nationalrates Nr. 33/1945 über die Bestrafung faschistischer Verbrecher, Okkupanten, Verräter und Kollaborateure, und über die Errichtung der Volksgerichtsbarkeit, im Wortlaut der sie abändernden und ergänzenden Vorschriften.

§ 310

Wo die Anwendung dieses Gesetzes von der Länge einer Strafe der Freiheitsentziehung abhängig ist, entscheidet bei den vor Inkrafttreten dieses Gesetzes verhängten Strafen die Länge der Freiheitsstrafen ohne Rücksicht auf ihre Bezeichnung; eine Geldstrafe wird als gleichwertig mit der kürzesten Strafe der Freiheitsentziehung angesehen.

§ 311

Alle Bestimmungen auf dem Gebiete des gerichtlichen Strafrechts verlieren ihre Gültigkeit, insbesondere:

1. das Gesetz über Verbrechen, Vergehen und Übertretungen, eingeführt durch Patent Nr. 117/1852 RGBl.,
2. das Militärstrafgesetz über Verbrechen und Vergehen, eingeführt durch Patent Nr. 19/1855 RGBl.,

3. das Gesetz Nr. 8/1863 RGBl., betreffend einige Ergänzungen des allgemeinen und des Militärstrafgesetzes,
4. das Gesetz Nr. 131/1867 RGBl., wodurch mehrere Bestimmungen des allgemeinen Strafgesetzes und anderer damit im Zusammenhang stehenden Anordnungen abgeändert werden,
5. das Gesetz Nr. 42/1870 RGBl. zum Schutz des Brief- und Schriftengeheimnisses,
6. das Gesetz Nr. 43/1872 RGBl., betreffend die Vollziehung von Freiheitsstrafen in Einzelhaft und die Bestellung von Strafvollzugskommissionen,
7. das Gesetz Nr. 108/1873 RGBl., womit polizeistrafrechtliche Bestimmungen wider Arbeitsscheue und Landstreicher erlassen werden,
8. das Strafgesetzbuch über Verbrechen und Vergehen, Ges.-Art. V/1878,
9. das Strafgesetzbuch über Übertretungen, Ges.-Art. XL/1879,
10. das Gesetz Nr. 78/1883 RGBl. über strafrechtliche Bestimmungen gegen Vereitelung von Zwangsvollstreckungen,
11. der Ges.-Art. XXV/1883, über Wucher und schädliche Kreditgeschäfte,
12. das Gesetz Nr. 89/1885 RGBl., womit strafrechtliche Bestimmungen in betreff der Zulässigkeit der Anhaltung in Zwangsarbeits- oder Besserungsanstalten getroffen werden,
13. das Gesetz Nr. 41/1888, RGBl., womit strafrechtliche Bestimmungen in betreff der Sicherung der Unterseekabel getroffen werden,
14. der Ges.-Art. XII/1888, womit strafgesetzliche Bestimmungen zur Sicherung der Unterseekabel eingeführt werden,
15. der Ges.-Art. XXXVI/1908 über die Abänderung und Ergänzung der Strafgesetze und der Strafprozeßordnung,
16. das Gesetz Nr. 141/1912 RGBl., womit das Strafgesetz Nr. 117/1852 RGBl. abgeändert wird,
17. der Ges.-Art. XXI/1913 über gemeingefährliche Arbeitsscheue,
18. der Ges.-Art. XXIII/1913 über den strafrechtlichen Schutz des Wahlrechts,
19. der Ges.-Art. XL/1914 über den strafrechtlichen Schutz der Behörden,
20. der Ges.-Art. XIX/1915 über die Verfolgung strafbarer Handlungen gegen die Interessen der Kriegsführung, insbesondere über die Bestrafung von Umtrieben bei militärischen Lieferungen,
21. das Gesetz Nr. 9/1918 Slg., über die Abänderung des Militärstrafgesetzes und der Militärstrafprozeßordnung,
22. das Gesetz Nr. 269/1919 Slg., über die Fälschung von Geld und Wertpapieren,
23. das Gesetz Nr. 556/1919 Slg., über Änderung einiger Bestimmungen des Militärstrafgesetzes,
24. das Gesetz Nr. 562/1919 Slg., über die bedingte Verurteilung und die bedingte Entlassung,
25. das Gesetz Nr. 284/1920 Slg., mit welchem das Verhältnis der Strafen im Gebiet verschiedenen Rechts festgesetzt wird,
26. das Gesetz Nr. 309/1921 Slg., gegen die Nötigung und zum Schutze der Versammlungsfreiheit,
27. das Gesetz Nr. 124/1924 Slg., betreffend die Änderung der Zuständigkeit der Strafgerichte und der Verantwortlichkeit für den Inhalt von

Druckschriften in Angelegenheiten der falschen Anschuldigung, der Verleumdung und von Ehrenbeleidigungen,

28. das Gesetz Nr. 134/1924 Slg., mit welchem das Gesetz Nr. 562/1919 Slg. über die bedingte Verurteilung und die bedingte Entlassung abgeändert wird,
29. das Gesetz Nr. 178/1924 Slg., über das Bestechungswesen und gegen die Verletzung des Amtsgeheimnisses,
30. das Gesetz Nr. 111/1928 Slg., über die Tilgung der Verurteilung,
31. das Gesetz Nr. 31/1929 Slg., womit die Strafgesetze und Strafprozeßordnungen abgeändert und ergänzt werden,
32. das Gesetz Nr. 102/1929 Slg., betreffend die Errichtung von Zwangsarbeitskolonien und die Abänderung einiger Bestimmungen des Strafrechts,
33. das Gesetz Nr. 48/1931 Slg., über die Jugendstrafgerichtsbarkeit,
34. das Gesetz Nr. 123/1931 Slg., über das Staatsgefängnis,
35. das Gesetz Nr. 108/1933 Slg., über den Schutz der Ehre,
36. das Gesetz Nr. 115/1934 Slg., über Umtriebe bei der Vergebung öffentlicher Lieferungen und Arbeiten,
37. das Gesetz Nr. 71/1935 Slg., über die Wirtschaftsspionage,
38. das Gesetz Nr. 66/1941 Sl. z., über den Schutz der Leibesfrucht, ihrer Entstehung und über die Abänderungen der §§ 285 und 286 des Strafgesetzes und der §§ 423 bis 427 des Militärstrafgesetzes,
39. das Gesetz Nr. 167/1941 Sl. z., über strengere Bestrafung einiger Straftaten, die unter Ausnutzung der Verdunkelung oder eines Fliegeralarms begangen wurden,
40. das Gesetz Nr. 23/1942 Sl. z., über den Schutz von Stempeln, Post- und anderen Marken, Wertzeichen und Zeichen,
41. das Gesetz Nr. 150/1943 Sl. z., über das Bestechungswesen,
42. das Dekret des Präsidenten der Republik Nr. 3/1945 Sb., wodurch einige Bestimmungen des Militärstrafgesetzes und des Wehrgesetzes abgeändert und ergänzt werden,
43. das Dekret des Präsidenten der Republik Nr. 38/1945 Sb., über strenge Bestrafung der Plünderung,
44. das Gesetz Nr. 165/1946 Sb., über den strafrechtlichen Schutz nationaler Unternehmen, nationalisierter Unternehmen und Unternehmen unter nationaler Verwaltung,
45. das Gesetz Nr. 27/1947 Sb., über den strafrechtlichen Schutz der Durchführung des Zweijahres-Wirtschaftsplans,
46. das Gesetz Nr. 40/1948 Sb., über den strafrechtlichen Schutz gegen Brände,
47. das Gesetz Nr. 88/1948 Sb., mit welchem die Strafgesetze und die Strafprozeßordnungen abgeändert werden,
48. das Gesetz Nr. 231/1948 Sb., zum Schutz der volksdemokratischen Republik.

§ 312

Dieses Gesetz tritt am 1. August 1950 in Kraft*); seine Durchführung obliegt allen Mitgliedern der Regierung.

---

*) Das Gesetz Nr. 86/1950 Sb. in der Fassung des Gesetzes Nr. 63/1956 Sb. tritt am 1. 1. 1957 in Kraft.

Kundmachung des Justizministers

vom 22. Dezember 1956, Sb. 1957, Nr. 1*), betr. den vollen Wortlaut des Strafgesetzes

Gemäß Art. IX des Gesetzes Nr. 63/1956 Sb., betr. die Abänderung und Ergänzung des Strafgesetzes Nr. 86/1950 Sb., wird in der Anlage der volle Wortlaut des Strafgesetzes, wie er sich aus den späteren Vorschriften ergibt, kundgemacht.

Dr. Škoda e. h.

Anlage zur Kundmachung Nr. 1/1957 Sb.:
(Seite 31).

Gesetz vom 19. Dezember 1956, Nr. 63 Sb.,

womit das Strafgesetz Nr. 86/1950 Sb. abgeändert und ergänzt wird

Die Nationalversammlung der Tschechoslowakischen Republik hat folgendes Gesetz beschlossen:

Art. I—V

(eingearbeitet in die einzelnen Bestimmungen des Strafgesetzes)

Art. VI

Eine vor dem Inkrafttreten dieses Gesetzes verhängte Strafe der lebenslangen Freiheitsentziehung wird mit Wirkung vom Tage der Rechtskraft des Urteils in eine Strafe 25jähriger Freiheitsentziehung umgewandelt. Wenn die Strafe lebenslanger Freiheitsentziehung als Zusatzstrafe verhängt worden ist, wird die Summe der Strafen in die Strafe einer 25jährigen Freiheitsentziehung umgewandelt.

Art. VII

Wenn die Summe nacheinander verhängter nicht verbüßter Strafen der Freiheitsentziehung oder ihrer Strafreste am Tag der vor dem Inkrafttreten dieses Gesetzes erfolgten Verkündung des Urteils in der letzten Sache durch das Gericht erster Instanz mehr als 25 Jahre beträgt, setzt das Gericht sie auf 25 Jahre herab.

Art. VIII

1. Die Strafe des Tätigkeitsverbotes, die vor Inkrafttreten dieses Gesetzes für dauernd auferlegt wurde, wird mit Wirksamkeit von dem Zeitpunkt an, an dem das Urteil in Rechtskraft erwachsen ist, in die Strafe des Tätigkeitsverbots auf die Dauer von zehn Jahren umgewandelt.

2. Die Strafe des Aufenthaltsverbots, die vor Inkrafttreten dieses Gesetzes für dauernd auferlegt wurde, wird mit Wirksamkeit von dem Zeitpunkt an, an dem das Urteil in Rechtskraft erwachsen ist, in die Strafe des Aufenthaltsverbots auf die Dauer von zehn Jahren umgewandelt.

Art. IX

Der Justizminister wird ermächtigt, in der Sammlung der Gesetze den vollen Wortlaut des Strafgesetzes, wie er sich aus den späteren Vorschriften ergibt, kundzumachen.

Art. X

Dieses Gesetz tritt am 1. Januar 1957 in Kraft; es wird von allen Mitgliedern der Regierung durchgeführt.

---

*) Sb. Stück 1 vom 25. 1. 1957, S. 1—56.

Gesetz vom 19. Dezember 1957, Nr. 68 Sb.,

über die künstliche Schwangerschaftsunterbrechung

Die Nationalversammlung der Tschechoslowakischen Republik hat folgendes Gesetz beschlossen:

§ 1

Einführungsbestimmung

Um die Fürsorge für eine gesunde Entwicklung der Familie weiter auszubauen, die durch Schäden bedroht wird, welche bei der künstlichen Schwangerschaftsunterbrechung infolge von Eingriffen gewissenloser Personen und außerhalb der Gesundheitseinrichtungen an Gesundheit und Leben der Frauen*) angerichtet werden, regelt dieses Gesetz die künstliche Schwangerschaftsunterbrechung.

Voraussetzungen einer künstlichen Schwangerschaftsunterbrechung

§ 2

1. Eine Schwangerschaft darf nur mit Zustimmung der schwangeren Frau und nach vorheriger Einholung der Genehmigung künstlich unterbrochen werden; wenn die schwangere Frau völlig geschäftsunfähig ist oder wegen Geistesstörung überhaupt unfähig ist, für ihre Angelegenheiten selbst zu sorgen, darf ihre Zustimmung durch die Zustimmung ihres gesetzlichen Vertreters ersetzt werden.

2. Die Schwangerschaft darf nur in einer mit Betten versehenen Gesundheitseinrichtung künstlich unterbrochen werden.

§ 3

1. Über die Genehmigung zur künstlichen Schwangerschaftsunterbrechung entscheidet auf Ersuchen der schwangeren Frau (ihres gesetzlichen Vertreters) die hierfür errichtete Kommission.

2. Die Genehmigung zur künstlichen Schwangerschaftsunterbrechung darf nur aus gesundheitlichen Gründen oder aus anderen besonders berücksichtigungswürdigen Gründen erteilt werden.

Rechtswidrige Schwangerschaftsunterbrechung

§ 4

1. Wer einer schwangeren Frau hilft oder sie dazu verleitet,

a) ihre Schwangerschaft selbst künstlich zu unterbrechen,

b) jemanden zu ersuchen oder jemandem zu gestatten, ihr die Schwangerschaft anders als auf die nach diesem Gesetze zulässige Weise künstlich zu unterbrechen,

wird für diese Straftat mit Freiheitsentziehung bis zu zwei Jahren bestraft.

2. Mit Freiheitsentziehung von einem Jahr bis zu fünf Jahren wird der Täter bestraft, wenn die im Absatz 1 angeführte Tat einen schweren Nachteil an der Gesundheit der schwangeren Frau oder deren Tod zur Folge hat.

---

*) In der deutschen Übersetzung des Gesetzes und der Durchführungsbestimmungen wurde statt des Wortes Weib, das dem tschechischen Text entspräche, das Wort „Frau" gewählt.

§ 5

1. Wer mit Zustimmung der schwangeren Frau deren Schwangerschaft anders als auf die nach diesem Gesetze zulässige Weise künstlich unterbricht, wird wegen dieser Straftat mit Freiheitsentziehung von einem Jahr bis zu fünf Jahren bestraft.

2. Mit Freiheitsentziehung von drei bis zehn Jahren wird der Täter bestraft,

a) wenn er die im Absatz 1 angeführte Tat erwerbsmäßig begeht oder

b) wenn eine solche Tat einen schweren Nachteil an der Gesundheit der schwangeren Frau oder deren Tod zur Folge hat.

§ 6

Straflosigkeit der schwangeren Frau

Eine schwangere Frau, die sich ihre Schwangerschaft selbst künstlich unterbricht oder jemanden darum ersucht oder ihm das gestattet, ist nicht strafbar.

Schlußbestimmungen

§ 7

Das Gesundheitsministerium erläßt im Einvernehmen mit dem Justizministerium die zur Durchführung dieses Gesetzes erforderlichen Vorschriften,[1]) insbesondere über die gesundheitlichen und anderen besonders berücksichtigungswürdigen Gründe (§ 3 Abs. 2), über die Organisation der Kommissionen und über das vor diesen Kommissionen durchzuführende Verfahren (§ 3 Abs. 1).

§ 8

1. Die Bestimmung des § 218 des Strafgesetzes Nr. 86/1950 Sb. wird aufgehoben.

2. Eine vor Inkrafttreten dieses Gesetzes rechtskräftig verhängte Strafe wegen der Tötung einer menschlichen Leibesfrucht gemäß § 218 Abs. 1 des Strafgesetzes wird nicht vollstreckt. Wenn eine solche Strafe als Gesamt- oder Zusatzstrafe verhängt wurde, ist die Bestimmung des § 392 der Strafprozeßordnung[2]) entsprechend anzuwenden.

3. Eine vor Inkrafttreten dieses Gesetzes wegen Tötung einer menschlichen Leibesfrucht gemäß § 218 Abs. 1 des Strafgesetzes verurteilte Täterin wird vom Tage des Inkrafttretens dieses Gesetzes an angesehen, als ob sie nicht verurteilt worden wäre.

§ 9

Dieses Gesetz tritt mit dem Tage seiner Verkündung in Kraft;[3]) es wird von den Ministern für Gesundheitswesen und Justiz im Einvernehmen mit den beteiligten Regierungsmitgliedern durchgeführt.

---

[1]) S. Kundmachung v. 21. 12. 1957, Nr. 249 U. l., hier S. 118.

[2]) § 392 StPO lautet: Änderung der Strafbemessung

1. Wenn durch eine Amnestie die Strafe für eine oder mehrere Straftaten, für die eine Gesamtstrafe oder mehrere Strafen verhängt wurden, die zu einander in einem in § 22 Abs. 2 StG bezeichneten Verhältnis stehen und noch nicht ganz vollstreckt worden sind, ganz oder teilweise erlassen wurde, bestimmt das Gericht nach Maßgabe des gegenseitigen Verhältnisses ihrer Bedeutung eine angemessene Strafe für die durch die Amnestie nicht betroffenen Straftaten. Gegen diese Entscheidung ist die Beschwerde zulässig, die aufschiebende Wirkung hat.

2. Die Entscheidung nach Absatz 1 trifft in öffentlicher Sitzung das Gericht, das im ersten Rechtszug entschieden hat; wenn danach mehrere Gerichte zuständig sind, entscheidet das Gericht, das die Strafe für die schwerste Tat verhängt hat, sonst das Gericht, das zuletzt entschieden hat.

[3]) Das Gesetz wurde am 30. 12. 1957 verkündet.

Kundmachung des Gesundheitsministeriums

vom 21. Dezember 1957, Nr. 249 U. l., zur Durchführung des Gesetzes über die künstliche Schwangerschaftsunterbrechung

Das Gesundheitsministerium bestimmt im Einvernehmen mit dem Justizministerium gemäß § 7 des Gesetzes Nr. 68/1957 Sb. über die künstliche Schwangerschaftsunterbrechung[1]) und § 5 Abs. 3 des Gesetzes Nr. 103/1951 über eine einheitliche Präventiv- und Heilfürsorge, i. d. F. des Gesetzes Nr. 17/1957 Sb.:[2])

§ 1

Nach dem Gesetze Nr. 68/1957 Sb. über die künstliche Schwangerschaftsunterbrechung darf eine Schwangerschaft nur mit Zustimmung der schwangeren Frau nach vorheriger Einholung der Genehmigung und nur in einer mit Betten versehenen Gesundheitseinrichtung künstlich unterbrochen werden; die Genehmigung darf nur aus gesundheitlichen oder aus anderen besonders berücksichtigungswürdigen Gründen erteilt werden.

§ 2

1. Die Gesundheitsgründe (Indikation), die zur künstlichen Schwangerschaftsunterbrechung berechtigen, sind in der Beilage zu dieser Kundmachung aufgeführt.[3]

2. Als andere besonders berücksichtigungswürdige Gründe, die zur künstlichen Schwangerschaftsunterbrechung berechtigen, sind namentlich anzusehen:

a) fortgeschrittenes Alter der Frau,
b) mehrere Kinder,
c) Verlust des Ehegatten oder dessen Invalidität,
d) Zerrüttung der Familie,
e) Übergewicht der wirtschaftlichen Verantwortlichkeit der Frau für den Unterhalt der Familie oder eines Kindes,
f) schwierige Situation, die durch die Schwängerung bei einer unverheirateten Frau entstanden ist,
g) ein Umstand, der beweist, daß es durch Notzucht oder eine andere Straftat zur Schwängerung gekommen ist.

3. Eine künstliche Schwangerschaftsunterbrechung darf nicht genehmigt werden, wenn gesundheitliche Gründe gegen eine Schwangerschaftsunterbrechung (Kontraindikation) vorliegen:

a) eine Schwangerschaft, die älter als drei Monate ist,
b) akute oder chronische Entzündungskrankheiten der Geschlechtsorgane,
c) Eiterherde, die eine erfolgreiche Durchführung des Eingriffs gefährden,
d) eine grassierende, akute, übertragbare Krankheit,
e) wenn in den letzten 6 Monaten schon eine Schwangerschaftsunterbrechung durchgeführt worden ist.

---

[1]) S. oben S. 116.

[2]) Gesetz v. 19. 12. 1951, Nr. 103 Sb., über eine einheitliche Präventiv- und Heilfürsorge; abgeändert und ergänzt durch Gesetz v. 6. 3. 1957, Nr. 17 Sb.; in der neuen Fassung bekanntgemacht durch Kundmachung des Gesundheitsministers v. 8. 3. 1957, Nr. 19 Sb.

[3]) Die Beilage (U. l. 1957, S. 858—860) enthält auf 6 Druckspalten ein sehr umfangreiches „Verzeichnis der Krankheiten, die eine medizinische Indikation zur künstlichen Schwangerschaftsunterbrechung bilden“.

Auch bei Kontraindikation kann die Schwangerschaft künstlich unterbrochen werden, wenn die Fortsetzung der Schwangerschaft das Leben der Frau gefährden würde.

Wenn einer der Elternteile an einer schweren Erbkrankheit leidet, kann eine künstliche Schwangerschaftsunterbrechung genehmigt werden, auch wenn die Schwangerschaft älter als drei Monate ist oder in den letzten sechs Monaten eine Schwangerschaft künstlich unterbrochen wurde. Es darf aber nicht einmal in diesen Fällen die künstliche Schwangerschaftsunterbrechung genehmigt werden, wenn hierdurch das Leben der Frau gefährdet würde.

4. Bei der Beurteilung, ob eine künstliche Schwangerschaftsunterbrechung genehmigt werden soll, ist nicht nur der Hauptgrund, sondern auch die Gesamtsituation der Frau, die sich aus der Summe der gesundheitlichen Störungen und der sozialen Voraussetzungen ergibt, zu berücksichtigen.

5. Bei Frauen, die bisher noch keine Geburt hatten, sind besonders sorgfältig alle gesundheitlichen und anderen Gründe unter Berücksichtigung der Gefahr, daß nach der ersten Schwangerschaftsunterbrechung Unfruchtbarkeit entsteht, zu erwägen.

§ 3

1. Eine Frau, die um eine künstliche Schwangerschaftsunterbrechung ansucht, wendet sich entweder unmittelbar oder durch Vermittlung des sie behandelnden Arztes an den Vorstand der Frauenabteilung der Bezirksanstalt für Volksgesundheit, deren Krankenhaus für den Wohnort der Ansuchenden zuständig ist, und teilt ihm ihre Gründe mit. Sie kann sich aber auch an eine andere Bezirksanstalt für Volksgesundheit, die ein Krankenhaus hat, wenden.

2. Der Vorstand der Frauenabteilung legt das Gesuch der Kommission vor. Die Kommission wird bei der Bezirksanstalt für Volksgesundheit, die über ein Krankenhaus verfügt, errichtet und besteht aus dem Direktor der Bezirksanstalt für Volksgesundheit, der die Verhandlungen leitet (Vorsitzender der Kommission), dem Vorstand der Frauenabteilung der Bezirksanstalt für Volksgesundheit, gegebenenfalls auch aus einem weiteren Fachmann, auf dessen Fachgebiet sich die medizinische Indikation oder Kontraindikation bezieht. Der Rat des Bezirksnationalausschusses ernennt ein weiteres Kommissionsmitglied und dessen Ersatzmann, und zwar eine lebenserfahrene Frau, die Vertrauen und Ansehen genießt.

3. Wenn dem Gesuch nicht entsprochen wird, wird die Frau über die Möglichkeit, eine Überprüfung durch die Kreiskommission zu verlangen, mit der Maßgabe belehrt, daß sie, wenn sie von dieser Möglichkeit Gebrauch macht, dies unverzüglich tun muß. Diese Kommission hat eine entsprechende Zusammensetzung wie die Kreiskommission.

§ 4

Das Gesuch muß zweckmäßig und so schnell bearbeitet werden, daß die künstliche Schwangerschaftsunterbrechung binnen 14 Tagen, spätestens aber vor Ablauf von drei Monaten seit Beginn der Schwangerschaft durchgeführt werden könnte, sofern es sich nicht um Fälle handelt, in denen die künstliche Schwangerschaftsunterbrechung auch nach Ablauf von drei Monaten der Schwangerschaft durchgeführt werden kann.

§ 5

1. Für die Durchführung der künstlichen Schwangerschaftsunterbrechung ist zur teilweisen Deckung der Behandlungskosten ein Zuschuß im Pauschalbetrage von 200 bis 500 Kčs zu zahlen. Die Kommission kann aber die Bezahlung dieses Zuschusses erlassen, namentlich wenn die weitere Dauer der Schwangerschaft das Leben der Frau gefährdet oder zweifellos einen schweren Nachteil für ihre Gesundheit oder im Hinblick auf die wirtschaftliche Lage der Frau bedeutet.

2. Der Zuschuß ist in bar zu bezahlen. Über die Zahlung wird der behandelten Frau eine Bestätigung ausgestellt. In den Zahlungsunterlagen darf weder der Name der behandelten Frau noch eine andere Angabe, die zur Feststellung ihrer Identität führen könnte, aufgeführt werden.

§ 6

Alle beteiligten Mitarbeiter sind verpflichtet, über die Tatsachen, die sie bei der Bearbeitung des Gesuchs um künstliche Schwangerschaftsunterbrechung erfahren haben, Stillschweigen zu bewahren; auch die gesamte Beurkundung hierüber muß so erfolgen, daß diese Tatsachen nicht verraten werden.

§ 7

1. Diese Kundmachung tritt am 30. Dezember 1957 in Kraft.

2. Die Richtlinien über das Vorgehen bei künstlicher Beendigung der Schwangerschaft (Rundschreiben des Gesundheitsministeriums Az. 619/1952 Rundschreiben-Sammlung) werden aufgehoben.

Der Minister: Dr. Plojhar e. h.

Sachverzeichnis

(Die Zahlen bezeichnen die Paragraphen des Strafgesetzes)

E 7 bedeutet: Einleitung Seite 7

Sachverzeichnis